汪兴东 ◎ 著

农村居民低碳能源消费行为形成机制及引导政策路径选择研究

中国财经出版传媒集团

经济科学出版社

Economic Science Press

图书在版编目（CIP）数据

农村居民低碳能源消费行为形成机制及引导政策路径选择
研究/汪兴东著．—北京：经济科学出版社，2020.8
ISBN 978 - 7 - 5218 - 1742 - 3

Ⅰ.①农…　Ⅱ.①汪…　Ⅲ.①农村 - 居民 - 能源消费 -
研究 - 中国　Ⅳ.①F426.2

中国版本图书馆 CIP 数据核字（2020）第 137538 号

责任编辑：刘战兵
责任校对：靳玉环
责任印制：李　鹏　范　艳

农村居民低碳能源消费行为形成机制及引导政策路径选择研究
汪兴东　著
经济科学出版社出版、发行　新华书店经销
社址：北京市海淀区阜成路甲 28 号　邮编：100142
总编部电话：010 - 88191217　发行部电话：010 - 88191522
网址：www. esp. com. cn
电子邮箱：esp@ esp. com. cn
天猫网店：经济科学出版社旗舰店
网址：http://jjkxcbs. tmall. com
北京季蜂印刷有限公司印装
710×1000　16 开　13 印张　200000 字
2020 年 11 月第 1 版　2020 年 11 月第 1 次印刷
ISBN 978 - 7 - 5218 - 1742 - 3　定价：52.00 元
（图书出现印装问题，本社负责调换。电话：010 - 88191510）
（版权所有　侵权必究　打击盗版　举报热线：010 - 88191661
QQ：2242791300　营销中心电话：010 - 88191537
电子邮箱：dbts@ esp. com. cn）

　　本书得到国家自然科学基金项目"农村居民低碳能源消费行为形成机制及引导政策研究——以鄱阳湖生态经济区为例"（71363028）、"农村居民生态消费行为形成机制、溢出效应与干预政策设计"（71963021）、"农村专业大户电商技术采纳行为、扩散效应及引导政策研究"（71663028），以及"江西省现代农业及其优势产业可持续发展的决策支持'江西省 2011 协同创新中心'"和"江西省乡村振兴战略研究院"联合资助。

序

40 多年的改革开放给我国带来巨大经济成就的同时，也伴随着生态环境的严重恶化，如沙尘暴、雾霾、水污染等，这些生态危机都与居民在生产生活中使用煤、薪柴、秸秆等传统燃料息息相关。因此，从日常生活消费视角探讨居民的能源消费行为，具有重要的理论及现实意义。

现实研究呈现以下几个特点：一是从宏观层面上研究能源消费居多，成果也最为显著，而基于微观层面的研究较少；二是从微观层面上研究能源消费行为大多基于城市居民，而以农村居民为考察对象的研究偏少；三是主要以经济学分析和质性研究方法为主，从社会学、心理学及行为学角度开展的实证研究不多，尤其是探讨农村居民能源消费行为形成机理的研究更为鲜见。

汪兴东博士的新著《农村居民低碳能源消费行为形成机制及引导政策路径选择研究》，首先基于计划行为和价值—信念—规范理论，沿着认知—评估—反应及价值—态度—行为的逻辑思路，构建出了农村居民低碳能源消费行为形成机制理论模型；然后通过调研数据对所得模型进行实证分析，形成了相应的重要研究结论，主要包括：

第一，通过小规模座谈、深入访谈及大规模问卷调查，构建出农村居民低碳能源消费行为形成机制模型，为后续的实证分析提供了模型支撑。

第二，阐明了农村居民低碳能源消费行为（意愿）影响因素的作用路径、影响方式及内在机理。

第三，明确了农村居民低碳能源消费意愿与行为缺口的形成原因。通过实证分析确定了农村居民低碳能源消费意愿—行为转化过程中的推进因素和阻碍因素，并提出了弱化阻碍因素及强化推进因素的具体措施。

第四，通过聚类分析把农村居民低碳能源消费行为划分为三类。从人口统计变量、认知因素、情境因素、信念因素四个维度出发，把农村居民低碳能源消费行为划分为消极型、中间型和积极型三类，并分析了群内共性及群间差异性，为采取有针对性的政策举措提供了依据。

第五，考察了引导政策对不同农村居民消费群体的影响。在把政策划分为信息、经济、行政及物理四个方面的基础上，具体分析了各类政策对不同消费群体的影响方式及程度，为如何有效地制定政策及不同政策的协同提供了理论支持和应用参考。

第六，对具体的低碳能源展开了案例分析。以农村使用率最高的低碳能源（沼气和太阳能）为例，深入分析了影响农村居民对低碳能源采纳及使用决策的决定因素，并对不同的低碳能源提供方式进行了对比研究，进一步验证和拓展了研究结论的使用范围。

从理论意义上看，汪兴东博士的新著，从顾客的角度，借鉴心理学及行为中的归因理论、认知评估理论、心理距离理论，探讨产品伤害危机中顾客情绪反应及行为意向的形成机制，以便厘清在产品伤害危机中，影响顾客归因的前置变量，归因后顾客可能会产生哪些不同的情绪反应，以及这些情绪会带来什么样的行为方式，丰富和发展了现有关于产品伤害危机的理论基础，为解释现实中顾客所表现出来的行为特征提供了理论支撑。

从现实意义上来看，本书进一步推进了从微观视角研究农村居民的能源消费问题，弥补了国内对农村居民低碳能源消费的关注不足。将我国对低碳能源消费问题的政策研究视角从产业、企业及技术应用领域拓展到农村居民的生活能源消费行为领域，有助于丰富我国能源消费与管理政策的研究内容。

从实践意义上来看，本书通过对生态经济区农村居民的大样本调查，深入了解了农村居民低碳能源消费的具体行为，具体掌握了能源消费政策在农村中所产生的效果，探明了在实施上存在的问题及原因，解析了不同政策工具对不同农村居民群体低碳能源消费行为的作用方向和强度，有助于主管部门根据政策目标有针对性地选择政策措施，有效引导农村居民的低碳能源消费从观念到行动的转变。

汪兴东博士长期扎根于农村消费问题的研究，利用翔实的数据，基于深邃的洞见，通过科学的实证，给我们带来了他的新著。作为他的同行和师长，也作为研究我国"三农"问题的学者，看到农村消费研究领域新人辈出，不断出现既能连天，又能接地的研究成果，我甚为欣慰。希望汪兴东博士能以本书出版为契机，在我国农村消费问题的研究上继续探索，为发展和繁荣我国农村市场及农村消费研究做出更大的贡献。同时，也希望有志于从事农村研究方面的专家、学者、同仁能了解此书，用我们共同的智慧和力量推动"乡村振兴"，为实现"农民富、农业强、农村美"尽绵薄之力。

江西农业大学经济管理学院
教授、博士生导师
翁贞林
2020.02

前　言

　　近年来，气候变暖问题与极端天气频繁出现，对人类的生产生活造成了非常严重的负面影响，而二氧化碳排放量过高是造成全球气候变暖和气候异常的主要原因之一。有研究显示，人类的日常消费行为是碳排放的一个重要领域，人们在享受现代生活的便利与舒适的同时，也不得不考虑自身行为给环境带来的严重后果。各国学者从理论和实证两个方面对低碳消费行为影响因素进行了大量研究，取得了丰富的研究成果，但是大多数研究都是以城市居民为研究对象，对农村居民低碳消费行为研究较少。

　　从我国的政策实践来看，国家及地方制定了一系列针对农村低碳能源消费的扶持政策，如农村沼气建设补贴、太阳能下乡、建材下乡（节能环保）、节能家电补贴等。这些政策实施后，农村居民对低碳能源消费的认知是否有所提升？农村的低碳能源消费模式是否发生了改变？农村的生态环境是否得到了很大的改善？我们调查发现，农户对一些节能环保产品（如太阳能设施、节能家电等）的购买意愿并不高，存在利用程度较低、使用效果不佳、环境污染仍然比较严重等诸多问题，这些问题背后的深层原因是什么？农村居民的低碳能源消费行为是如何形成的？政府引导政策的路径应该如何选择？

　　基于这些思考，本书利用计划行为理论，沿着认知—评估—反应及价值—态度—行为的逻辑思路，着重考察了农村居民低碳能源消费行为的形成机制。首先，通过小规模座谈及深度访谈获取质性数据，再利用扎根理论构建出了农村居民低碳能源消费行为形成机制理论模型；其次，利用大规模问卷的调查数据，通过实证研究，厘清了各前置变量（如认知因素、情境因素等）如何影响农村居民的低碳能源消费行为，以及具体的影响方式、大小和作用路径；再次，利用聚类分析把农村居民低碳能源消费行为划分为三类，并研究同类群体的共性及不同类群体的异质性；最后，利用上述三部分的研究成果，分析了政策工具（经济工具、行政工具、物理工具）对不同农村居民群体低碳能源消费行为绩效的影响方式及影响程度，并依此提出了针对特定农村居民群体低碳能源消费行为的最优化引导政策。此外，结合现实中的现象和研究中发现的问题，我们针对特定的农村低碳能源（如太阳能、生物质能等）消费行为进行了具体分析，提出了在农村地区发展太阳能热水器及沼气等低碳能源的政策选择。

为了达到研究目标，本书在总结前人研究成果的基础上，重点研究了六个方面的内容，并得出了相应的结论：

（1）深入分析了农村居民低碳能源消费行为影响因素的作用路径及影响程度。本书利用在环鄱阳湖区的 10 个样本县的调查数据，建立了农村居民低碳消费行为影响因素综合模型。研究结果表明，低碳情感、低碳价值观与责任感、宣传教育和政策法规对低碳消费态度具有显著的正向影响，而低碳消费认知负向影响低碳消费态度；低碳消费态度对低碳消费行为具有非常显著的正向影响；多群组分析结果表明，农户性别、年龄等个体特征在低碳消费行为因素模型中起着调节作用，各调节变量在不同假设路径中的影响存在差异。

（2）构建了农村居民生态消费意识与行为缺口理论模型。本书通过访谈数据，基于扎根理论构建出了农村居民生态消费意识与行为缺口模型。该模型从内部驱动力（内因）和外在影响因素（外因）出发，通过实证分析确定了哪些因素（如社会文化、政府政策）在意识—行为的转化过程中起着推进作用，哪些因素（生活方式）在意识—行为的转化过程中起着阻碍作用，为进一步研究如何有针对性地弱化阻碍因素的影响、强化推进因素的作用奠定了理论基础。

（3）利用聚类分析把农村居民低碳能源消费行为划分为三类。基于调查数据，从人口统计变量、认知因素、情境因素、信念因素四个维度对农户低碳能源消费进行聚类分析，探讨群间差异及群内共性。结果表明：鄱阳湖生态经济区农户可细分为消极型、中间型和积极型三类；不同类别的群体存在明显的异质性，女性、年轻、受教育程度高的被调查者和家庭规模较小、收入低、儿童多的农户多为积极型低碳能源消费群体，家庭结构是影响农户能源消费的重要因素。进一步的研究表明，不同政策工具对三类农户低碳能源消费行为均存在正向且较弱的作用，对积极型农户的效果最明显，其次是消极型、中间型农户。

（4）探讨了引导政策对不同农村居民群体低碳能源消费行为绩效的影响。在上述研究结论的基础上，具体分析了政策工具（信息工具、经济工具、行政工具及物理工具）对不同农村居民群体低碳能源消费行为的影响方式及影响程度。结果表明，信息工具的引导干预作用最有效，但信息工具倾向于导致更高的认知水平，不必然带来行为的改变和能源的节约，它的影响需要较长时间。经济工具的作用不明显，现阶段我国对居民能源消费行为的引导十分重视，经济工具的使用最频繁，总体上多数学者认同经济激励政策的重要性，但特定的经济政策并不必然会诱发居民的低碳能源消费行为，我国政府多使用外部奖励或惩罚的干预，忽略了内部控制的力量，只有短期效果，如果信息反馈频繁，信息工具的优点会很显著。行政工具能有效地激励节能行为，但需要政府政策宣传并进行监管。物理工具能起到相对的效果，主要是通过推进能源设备的改进来实现，如能与惩罚性工具保持一致，效果会更显著。

（5）分析了农村居民太阳能热水器的采纳及使用决策。本书通过构建序列决策模型，深入探讨了农村居民采纳及使用太阳能热水器的决定因素。研究结果表明，地理因素、家庭属性及人口特征在影响农村居民采纳和使用太阳能热水器的决策上发挥着不同作用。农户的补贴政策感知对其采纳决策具有重要影响，而农户的技术感知能显著提升其使用水平。研究结论对进一步提升农村太阳能热水器的普及和使用具有重要的政策启示。

（6）考察了农村居民沼气使用行为。本书基于四川、湖北、江西及贵州四省1125个农户样本的调查数据，实证分析了户用沼气和大中型沼气用户之间的差异，并以此为基础深入探讨了地理因素、户主及家庭因素、沼气能源特征对这两类用户沼气使用行为的不同影响。研究结果表明，这两类用户在沼气使用比例、补贴成本比、沼气服务评价、地理条件等方面表现出很大的差异。对于户用沼气而言，安装年数及服务评价是沼气使用的重要预测因素；对于大中型沼气用户而言，除了安装年数和服务评价以外，补贴成本比对沼气的使用产生了负向影响，且沼气价格是制约沼气使用的关键因素。研究结论可以为政府政策选择提供借鉴和参考。

本书的主要价值体现在：

在理论上，本书以鄱阳湖生态经济区农村居民低碳能源消费情况调查为基础，系统分析影响经济区内居民低碳能源消费行为的主要因素，构建出在生态经济区约束下的农村居民低碳消费行为形成机制理论模型，进一步推进了从微观视角研究农村居民的能源消费问题，弥补了国内对农村居民低碳能源消费关注的不足。将我国对低碳能源消费问题的政策研究视角从产业、企业及技术应用领域拓展到农村居民的生活能源消费行为领域，有助于丰富我国能源消费与管理政策的研究内容。

　　在实践上，通过对生态经济区农村居民的大样本调查，可以深入了解农村居民低碳能源消费的具体行为，掌握能源消费政策在农村中所产生的效果，探明在实施上存在的问题及原因，解析不同政策工具对微观个体行为的作用方向和强度，有助于主管部门根据政策目标有针对性地选择政策措施，有效引导农村居民的低碳能源消费从观念到行动的转变。本项研究对于推进鄱阳湖生态经济区建设、降低碳排放、减少农村污染、保护鄱阳湖"一湖清水"有着重要的现实意义，同时也可为全国其他省份提供借鉴和参考。另外，本项目通过解析不同政策工具对微观个体行为的作用方向和强度，可以为相关主管部门根据政策目标有针对性地选择政策措施提供依据，有效引导农村居民的低碳能源消费从观念到行动的转变。

　　最后，本书还提出了未来可能的研究方向：一是农村居民低碳消费行为的影响因素有待进一步挖掘；二是农村居民低碳消费意识与行为异质性的探讨有待进一步深化；三是农村居民低碳消费的干预政策研究有待进一步细化。

目　　录

第一章

绪　论

第一节　研究背景与问题

规范农村居民低碳能源消费行为是实现我国节能减排目标的重要途径，是农村可持续发展、推进农村生态文明建设及社会主义新农村建设的重要保障，是衡量农村经济发展是否健康的重要指标，也是整个国家能源体系中的重要部分，对农村社会、经济、环境的发展起着重要作用（张馨等，2011；梁育填、樊杰等，2012）。

改革开放40多年来，我国经济飞速发展，居民的消费能力和生活水平显著提升，但环境也遭到了巨大破坏，造成了气候恶化、资源枯竭、水土流失等问题，2013年初我国出现大范围的雾霾天气，就与交通、生活、生产所需的能源消耗的污染物排放有着直接关系。有研究表明，环境质量下降的30%～50%是由人们的消费活动引起的（Abrahamse et al.，2009）。在西方发达国家，居民能源消费总量占总能耗的比率都在20%以上，且随着居民对提高其生活舒适、快捷、便利的耗能设备需求的增加，这一比例会进一步提升。在我国能源消费总量中，虽然工业生产领域的耗能占65.1%，居民生活能耗只占总能耗的10.6%（中国统计年鉴，2012），但工业产品最终还是被居民购买并消费，从结果上看，居民直接和间接消费所导致的能源消耗可能占到50%～60%，居民能源消费行为将成为我国未来能源需求增长和二氧化碳排放增长的主要来源（芈凌云，2011）。

在国家制定节能减排政策及目标推进生态文明建设的大背景下，能源消费受到学界的广泛重视，学者们对此展开了大量研究，取得了丰硕的成果。宏观层面主要集中在能源消费与碳排放的关系（朱永彬等，2009；陈诗一，2009；王强，2011；舒娱琴，2012）、能源消费与经济增长的关系（赵进文、范继涛，2007；马宏伟等，2012；陈操操等，2012）、能源消费的影响因素（姜磊、季民河，2011；孟凡生、李美莹，2012）等。微观层面主要表现在（低碳）能源消费行为的模式（王建明、王俊豪，2011；席建超，2011；严刚，2011）、能源消费行为的结构（张海鹏等，2010；张馨等，2011；梁育填等，2012）、能源消费行为的测量（陈利顺，2009；张艳等，2012）等。目前的研究呈现出以下两个特点：一是从宏观层面上研究能源消费居多，成果也最为显著，而基于微观层面的研究较少；二是从微观层面上研究能源消费行为大多基于城市居民，而以农村居民为考察对象的研究偏少。2011年《中国能源统计年鉴》显示，1997～2010年，农村居民人均生活用能量的增长速度远远大于城市人均生活用能量的增长速度，2010年城市居民人均用能量为315千克标准煤，较上年下降了3%，而农村居民人均用能量为204千克标准煤，较上年增长了7%。因此，鉴于现实与理论的差距，研究我国农村居民的低碳能源消费行为，对于制定相关能源消费政策、减少碳排放、推进生态文明建设有着重要的理论和现实意义。

2009年12月国务院正式批复《鄱阳湖生态经济区规划》，该规划以江西鄱阳湖为核心，以鄱阳湖城市圈为依托，以保护生态、发展经济为重要战略构想，旨在把鄱阳湖生态经济区建设成为世界性生态文明与经济社会发展协调统一、人与自然和谐相处的生态经济示范区和中国低碳经济发展先行区。规划的出台标志着建设鄱阳湖生态经济区正式上升为国家战略。2010年7月，省会城市南昌（生态经济区规划范围内）成为首批低碳试点城市，2012年11月，生态经济区规划城市景德镇市被列入第二批低碳试点城市。为此，国家及地方制定了一系列低碳能源消费扶持政策，如农村沼气建设补贴、太阳能下乡、建材下乡（节能环保）、节能家电补贴等。这些政策实施后，农村居民对低碳能源消费的认知是否有所提升？农村的低碳能源消费模式是否发生了改变？农村的生态环境是否得到了很大的改善？根据课题组的预调查，我们发现：农户对一些节能环保产品（如太阳能、节能家电等）的购买意愿并不高，利用程度较低，使用效果不佳，环境污染仍然比较严重等。这些问题背后的深层原因是什么？农村居民的低碳能源消费行为是如何形成的？政府引导政策的路径应该如何选择？基于这些思考，本书拟通过调查研究鄱阳湖生态经济区农村居民的低碳能源消费情况及相关政策实施绩效，分析影响农村居民低碳能源消费行为的主要因素（内部和外部），从认知—评估—反应及价值—态度—行为的逻辑思路探求农村居民低碳能源消费行为的形成机制，为以后制定更加有效的能源消费政策提供参考。

第二节 研究意义与目标

一、研究意义

在理论上，本书以鄱阳湖生态经济区农村居民低碳能源消费情况调查为基础，系统分析影响经济区内居民低碳能源消费行为的主要因素，构建出在生态经济区约束下的农村居民低碳消费行为形成机制理论模型，进一步推进从微观视角研究农村居民的能源消费问题，弥补国内对农村居民低碳能源消费关注的不足。本书将我国对低碳能源消费问题的政策研究视角从产业、企业及技术应用领域拓展到农村居民的生活能源消费行为领域，有助于丰富我国能源消费与管理政策的研究内容。

在实践上，通过对生态经济区农村居民的大样本调查，可以深入了解农村居民低碳能源消费的具体行为，掌握能源消费政策在农村中所产生的效果，探明在实施上存在的问题及原因，解析不同政策工具对不同农村居民群体低碳能源消费行为的作用方向和强度，有助于主管部门根据政策目标有针对性地选择政策措施，有效引导农村居民的低碳能源消费从观念到行动的转变。本书的结论和建议对于推进鄱阳湖生态经济区建设，降低碳排放，减少农村污染，保护鄱阳湖"一湖清水"，有着重要的现实意义，同时也可为全国其他省份提供借鉴和参考。

二、研究目标

本书拟在已有研究成果的基础上，沿着认知—评估—反应及价值—态度—行为的逻辑思路，通过质性分析构建出生态经济区约束下的农村居民低碳消费行为形成机制理论模型，并通过实证检验各变量之间的关系，以深入了解农村居民低碳能源消费行为形成的影响因素及内在机理，为政府制定有效的引导政策提供理论支撑。具体而言，本书拟达到如下目标：

（1）通过小规模座谈及深入访谈获取质性数据，基于计划行为理论和价值—信念—规范理论，利用扎根的方法对数据进行整理和分析，构建出农村居民低碳能源消费行为形成机制的理论模型。

（2）从人口统计学变量、低碳消费认知变量及情境变量入手，采用结构方程、跨群组分析等统计分析方法，研究各变量之间的关系，以及其对农村居民低碳能源消费行为意愿的作用路径和影响程度。

（3）在消费者行为，尤其是有关亲环境行为的研究中，经常会出现意愿与行为不一致的情况，而居民的低碳能源消费行为属于亲环境行为。因此，本书拟利用二元选择 Probit 模型分析农村居民低碳消费意愿与行为的一致性，以寻求造成二者不一致的可能原因。

（4）不同的农村居民群体在低碳能源消费过程中会表现出差异化的行为特征，本书借鉴消费者行为学中的顾客细分理论，采用聚类分析把农村居民低碳能源消费行为划分为不同类别，并研究同类群体的共性及不同类别群体的异质性。

（5）考察不同引导政策对不同农村居民低碳能源消费群体的差异化影响，以探求哪种引导政策对某类特定农村居民消费群体的影响绩效最优，为政府制定有效的引导政策提供理论支持。

第三节　研究内容与创新

一、研究内容

由于本书主要探讨农村居民低碳能源消费行为的形成机制，因而首先需要构建出机制的理论模型，然后通过实证分析对所构建模型中各变量间的关系进行检验，并利用具体的低碳能源（如沼气）或低碳能源产品（如太阳能热水器）来验证实证分析的结论。因此，本书的具体研究内容如下：

研究内容一：农村居民低碳消费行为影响因素作用路径及其影响程度。

本部分内容在分析和整理前人相关研究的基础上，借鉴计划行为理论及价值—信念—规范理论，沿着认知—评估—反应及价值—态度—行为的逻辑思路，通过质性分析构建出农村居民低碳消费行为影响因素的理论模型，并对鄱阳湖经济生态区农村居民低碳消费行为影响因素作用路径和影响程度进行实证分析，然后根据实证分析的结论提出政策或建议。

研究内容二：农村居民低碳消费意识与行为一致性。

低碳消费意识到行为之间的转化并不是十分有效，标准化路径系数仅为0.34，也就是说只有34%的有低碳消费意识的消费者产生了实际的消费行为，远低于非低碳消费意识与行为之间的转化率。为什么会出现这种现象？有哪些因素阻碍了生态消费意识转化为实际的消费行为？基于这些思考，本部分内容首先收集访谈数据，利用扎根理论构建出农村居民低碳消费意识与行为缺口理论模型，然后通过问卷调查对所构建的理论模型进行实证分析，以期探明有哪些因素促进（或是阻碍）了农村居民低碳消费意识到行为之间的转化，最终为政府及企业采取有效措施提升二者之间的转化率提供理论基础及政策启示。

研究内容三：农村居民低碳能源消费行为聚类分析。

为了更好地把握农村居民能源消费行为的特征，规范农村能源消费现状，引导农村居民减少碳排放、建立环境友好的能源消费模式，解决能源管理实践中亟待解决的问题，本部分内容从微观层面出发，结合理论探讨与现实情境，拟通过对现如今我国特定发展阶段、特殊文化心理下农村居民群体的能源消费观念、个性心理特征异质性进行实证调查，探索在能源消费过程中农村居民低碳能源消费行为的类别划分，分析同类群体的共性及不同类别群体的异质性，以掌握农村居民低碳能源消费行为的群体特征。

研究内容四：政策工具对不同类别群体低碳能源消费行为的影响。

在研究内容三的基础上，分析相关政策工具对农村居民低碳能源消费行为的影响方式及影响程度，通过政策工具影响差异对比来寻求引导不同类别农村居民群体低碳能源消费行为的有效政策组合，以达到有效指导民用领域能源管理实践的目的。

研究内容五：农村居民太阳能热水器采纳决策及其影响因素研究。

我们初步的调查数据显示，仅有56%的农村居民安装了太阳能热水器，且其中有超过1/3的居民表示他们使用太阳能热水器的频率比较低。故此部分内容拟采用二阶段序列决策模型（sequential decision model）分析农村居民采纳和使用太阳能热水器的决定因素，以期为政府相关部门采取有效措施进一步提升农村居民太阳能热水器的采纳及使用率提供借鉴和参考。

研究内容六：农村居民绿色能源（沼气）使用行为的比较。

2015 年，中央政府暂停了实施十多年的户用沼气补贴政策，转向重点支持大中型沼气工程建设，尽管中央政府仍然鼓励地方政府继续支持户用沼气的发展。然而，大中型沼气工程的所有者与农户之间也存在诸多问题，如缺乏合理的定价制度、后续维管服务由谁来提供、管理方式的选择等，这可能会在一定程度上制约大中型沼气工程的发展。对于政府而言，应该如何进行政策选择，是进一步扩大对大中型沼气工程的支持并缩小（或停止）对户用沼气池的补贴，还是因地制宜地发展？虽然已有很多文献对农村沼气产业的支持政策进行了深入的分析和探讨，但绝大多数文献都聚焦于户用沼气或大中型沼气二者之一，且主要探讨户用沼气。要全面了解我国农村沼气的发展状况，非常有必要对农村的户用沼气及大中型沼气的使用情况进行综合分析。因此，本部分内容通过对四川、湖北、江西和贵州四省 1125 个户用沼气和大中型沼气农户的调查，比较了两类用户之间的差异，并分析了影响其沼气使用的因素，以期为政府的政策选择提供借鉴和参考。

二、主要创新

本书的主要创新体现在以下几个方面：

第一，选题独特，理论创新。在国家推进农村生态文明建设的大背景下，以鄱阳湖生态经济区为案例研究农村居民低碳能源消费行为的形成机制及引导政策，具有鲜明的地域特色和时代特征。以农村居民为考察对象，把社会心理学及行为学中的计划行为理论及价值—信念—规范理论引入农村居民低碳能源消费行为的研究，弥补了目前关于低碳能源消费行为的研究基本基于城市居民的不足，进一步完善了现有的相关理论，并扩大了理论的适用范围。

第二，视角新颖，方法创新。借鉴计划行为理论及价值—信念—规范理论，沿着认知—评估—反应及价值—态度—行为的逻辑思路，全面揭示了农村居民低碳能源消费行为的形成机制，并考察了引导政策对不同农村居民群体低碳能源消费行为绩效的影响。在研究方法上，本书首先基于小规模座谈及访谈获取第一手数据，利用扎根理论这一质性分析方法构建出农村居民低碳能源消费行为形成机制理论模型；然后通过结构方程模型、跨群组分析、聚类分析、Heckman 模型等量化分析工具，对所构建的理论模型中各变量间的关系、影响方式、影响程度及作用路径进行实证检验。

第三，结构清晰，内容创新。在文献研究及质性研究构建理论模型的基础上，利用结构方程和跨群组分析探讨了农村居民低碳能源消费行为（意愿）的影响因素；采用因子分析及回归模型探讨了农村居民低碳能源消费行为与意愿的一致性；通过聚类分析划分出具有不同特征的农村居民低碳能源消费群体；结合实证分析探讨了引导政策对不同农村居民群体低碳能源消费行为绩效的影响；利用具体的绿色能源（沼气和太阳能）研究了农村居民绿色能源的采纳决策及其影响因素。

第四节　研究方法与路线

一、研究方法

为了达到研究目标，完成研究内容，解决研究中的关键问题，本书拟采用定性与定量、规范与实证、计量模型与统计分析相结合的方法，具体见表1-1。

表1-1　　　　　　　　　研究方法使用表

序号	研究内容	研究方法
一	农村居民低碳消费行为影响因素作用路径及其影响程度	文献资料分析、结构方程模型
二	农村居民低碳消费意识与行为一致性	扎根理论、探索性及验证性因子分析、回归分析
三	农村居民低碳能源消费行为聚类分析	二阶段聚类分析
四	政策工具对不同类别群体低碳能源消费行为的影响	政策分析、回归分析
五	农村居民太阳能热水器采纳决策及其影响因素	二阶段序列决策模型
六	农村居民绿色能源（沼气）使用行为的比较	比较分析、回归分析

在研究内容一中，首先拟采用文献分析法讨论低碳消费概念、低碳消费行为及其影响因素的研究文献与成果，以全面、准确地掌握相关研究问题，并构建出影响因素理论模型；然后，利用结构方程、多群组分析等统计分析方法对农村居民低碳消费行为影响因素的综合模型进行验证。

在研究内容二中，首先收集访谈数据，利用扎根理论构建出农村居民低碳消费意识与行为缺口理论模型；然后通过问卷调查对所构建的理论模型进行实证分析，以探明有哪些因素促进（或是阻碍）了农村居民生态消费从意识到行为的转化。

在研究内容三中，首先邀请农村研究专家、营销学者等进行小规模座谈，对文献析出的认知因素、情境因素、行为实施等变量及其测算维度进一步凝练；然后运用因子分析与两阶段聚类，探索环鄱阳湖生态经济区农村居民低碳能源消费行为的群体划分。

在研究内容四中，基于研究内容三的研究结论，利用 Probit 模型研究不同的引导政策工具对不同农村居民群体的能源消费行为的影响方式及影响程度差异，以便解释我国农村居民低碳能源消费行为对不同引导政策组合的异质反应，探求针对特定农村居民群体低碳能源消费行为的最优化引导政策。

在研究内容五中，以太阳能热水器为例，探讨农村居民太阳能热水器的采纳及使用决策。首先假定农村居民太阳能热水器的采纳与使用两个决策阶段相互独立，构建出 Hurdle 模型；然后假定这两个决策阶段不相互独立，构建出 Heckman 模型；最后对两个模型进行评估，以便选择更适合解释农村居民太阳能热水器的采纳与使用行为的顺序决策模型。

在研究内容六中，通过对比分析，探讨农村居民在使用户用沼气和大中型沼气用户之间的差异，并以此为基础构建回归模型，深入探讨地理因素、户主及家庭因素、沼气能源特征对这两类用户沼气使用行为的不同影响。

二、技术路线

本书具体的技术路线如图 1-1 所示。

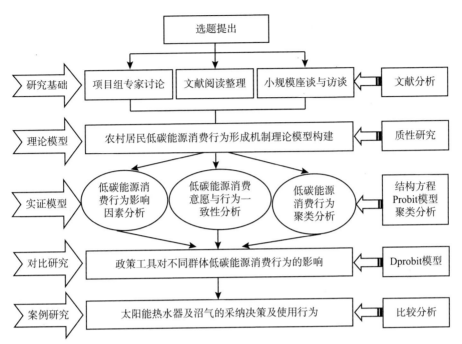

图 1-1 技术路线

第二章

理论基础及文献综述

第一节　概念界定

居民能源消费行为常与家庭能源使用行为、居民节能行为等概念交叉，通过居民能源消费行为的表现方式来体现。范拉伊（Van Raaij，1983）等把居民能源使用行为定义为与购买、维持和使用相关的能源消费行为；斯科特（Scott，2000）等认为家庭能源行为是指由投资、管理和缩减共同组成的用能行为；范迪朋（Van Diepen，2009）则把家庭能源使用行为界定为住宅能源使用和交通能源使用行为；巴尔（Barr，2005）等在总结前人研究的基础上，把居民节能行为分为习惯相关节能行为和购买相关节能行为；林登等（Lindén et al.，2006）在研究中把居民能源行为表述为取暖照明、清洁、餐饮和娱乐的用能行为；在此基础上，斯图尔特等（Stewart et al.，2006）把居民节能行为界定为取暖照明、清洁、食物供应、娱乐和信息五大方面的用能行为。我国学者郭琪（2007）把节能行为定义为通过降低单位能耗实现的节能行为和通过使用优质能源实现的节能行为两个层次；陈利顺（2009）在研究城市居民能源消费行为时，将其定义为"城市居民对能源的各种使用和消费行为"，并划分为选择性能源消费行为和习惯性能源消费行为；在此基础上，芈凌云（2011）将城市居民低碳化能源消费行为界定为"城市居民以减少二氧化碳排放为目的的能源消费行为"。借鉴上述研究对居民能源消费行为的定义和分类，本书把"农村居民低碳能源消费行为"

界定为："农村居民直接或间接以减少碳排放为目的的能源消费行为，包括对低碳产品、节能产品、绿色能源、节能设施的购买行为及日常生活中对能耗设备与设施的低碳化使用管理行为"。购买行为主要包括购买低碳产品、节能家电、绿色能源、住宅节能投资四个方面，使用管理行为包括居民在日常生活中对能耗设备与设施的用能量所实施的主动管理行为（节能使用行为和提高能效行为）。

第二节　理 论 基 础

居民低碳能源消费行为的研究主要以社会心理学、社会学和行为学为主，其理论基础主要有以下三个。

一、计划行为理论

计划行为理论（TPB）由艾森（Ajzen）于 1991 年提出，该理论认为人的行为模式受到三项内在因素的影响：个人对行为的态度、主观规范和感知到的行为控制，如图 2 - 1 所示。通常而言，如果个体对某项行为的态度越积极、所感受到外部规范的压力越大、对该行为的感知控制越多，则个体采取该行为的意向越强。计划行为理论对于一般行为的决策过程具有很好的解释和预测力，受到社会学和管理学研究者的青睐，成为诸多研究的理论基础。许多学者采用该理论研究个体的环境行为，该理论成为环境行为研究领域最为基础的概念架构和理论依据。如科瓦克（Kwak，2010）、马丁森（Martinsson，

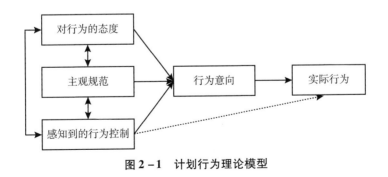

图 2 - 1　计划行为理论模型

2011）、王（Wang，2011）等利用 TPB 研究了影响居民家庭节能的因素及其作用机理，我国学者芈凌云（2011）通过 TPB 构建模型实证研究了城市居民的低碳化能源消费行为，张毅祥等（2012）基于 TPB 研究了知识型员工的节能意愿。

二、价值—信念—规范理论（VBN）

斯特恩（Stern，1999）在对公众环保行为的研究中，结合价值理论、规范激活理论及新生态规范理论，提出了价值—信念—规范理论（VBN），并于 2000 年对该理论进行了完善，形成了一个比较系统的理论模型，如图 2－2 所示。该理论通过对环境抱有的价值观、信念和规范三种变量之间的作用来解释环境行为的形成。不同的环境价值观会引发人们对环境问题的信念，进而激发个体的个人规范，使个体产生采取亲环境行为的责任感，形成积极的环境行为。VBN 理论提出后得到了诸多实证研究的支持，如斯泰格等（Steg et al.，2005）在研究了如何制定家庭减少碳排放的能源政策，验证了 VBN 在分析居民能源行为上的有效性，吉恩瑟等（Gynther et al.，2012）利用 VBN 评估了欧洲人能源行为改变计划的有效性；汉斯拉等（Hansla et al.，2013）采用 VBN 分析了环境政策对个体环境价值导向的影响。我国学者任力定（2007）则通过 VBN 理论对低碳消费行为的影响因素进行了探讨。

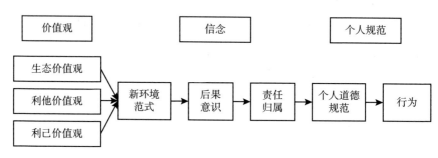

图 2－2　价值—信念—规范理论模型

三、ABC 理论

ABC 理论是由瓜格纳诺等（Guagnano et al.，1995）在研究居民的垃圾回收行为中提出的。该理论认为，个体行为不仅受到个体态度的影响，通常还会受到外部环境的影响，这些外部环境可以是积极的，也可以是消极的，如图2－3所示。相比以前的研究，该理论突出了外部环境因素的作用，当个体对于行为的态度接近于零时，外部因素的影响尤为重要，当外部情境因素有利（不利）时，可以大大促进（阻碍）个体行为的发生。ABC理论的贡献在于提出环境行为是态度和外部环境共同作用的结果，强调外部条件对行为影响的重要性，为研究居民的环境行为提供了一个新视角。如马科维茨等（Markowitz et al.，2012）利用ABC理论从个体视角研究了公众的亲环境行为；施瓦布等（Schwab et al.，2012）则采用ABC理论探讨了相关群体的态度及规范对消费者回收行为的影响。胡李妹和余福茂（2012）基于ABC理论探讨了我国消费者电子废弃物回收行为意向及其影响因素。

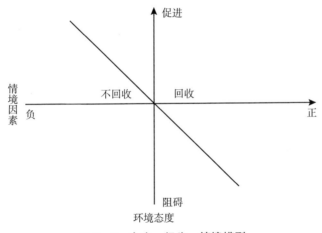

图2－3　态度—行为—情境模型

第三节　研究范式

国内外对于居民低碳能源消费行为研究的核心问题是力图解释在低碳消费约束下的能源使用和管理行为，分析对居民低碳能源消费行为产生影响的各种因素。研究涉及不同学科领域，综合国内外研究成果，主要有三大研究范式。

一、社会心理学范式

社会心理学是居民低碳能源消费行为研究的主要范式。该范式把居民低碳能源消费行为视为一种亲环境行为，主要探讨环境认知、环境态度、环境信念、环境价值观、个人规范、感知效能等社会心理变量对个体行为的影响。计划行为理论（TPB）是该领域的重要研究模型，个人对行为的态度、主观规范和感知到的行为控制相互作用产生行为意愿，进而形成亲环境行为。价值—信念—规范理论（VBN）也是该领域研究的一个重要基础，利用环境价值观、信念和规范三种变量之间的作用来解释个体亲环境行为的形成。尽管如此，社会心理类变量对居民低碳能源消费行为的影响有时难以得到实证支持（Poortinga et al.，2004；van der Werff et al.，2013），而与居民个体相关的经济因素、政策法规、社会规范等外部因素对居民的低碳能源消费行为影响更为明显（Gynther et al.，2005；Ryan，2012）。相对于心理变量和居民低碳能源消费行为模糊的相关性，多数研究证明了环境知识和政策措施是影响居民选择节能产品、绿色能源、节能设施等低碳能源消费行为的重要变量（McCalley，2006；Watson et al.，2010）。通过环境知识宣传和政策措施能唤起居民的低碳消费意识，改变其能源使用及管理行为（王建明、王俊豪，2011；范进等，2012）。

社会心理学范式主要关注居民个体的个性心理和性格特征，运用实证方法进行定量分析，研究成果较为丰富，为解释居民低碳能源消费行为提供了心理依据。但个体心理变量繁杂，变量间的关系难以梳理，测量工具也不太统一，很难得到具有指导性和普适性的研究结论。

二、社会学范式

社会学是研究居民低碳能源消费行为的另一个重要范式。社会学从宏观的视角进行研究，认为居民低碳能源消费行为不仅仅是个体短期决策的结果，还受到长期的社会系统配置的影响。在社会学范式的研究中，低碳能源消费的主体是家庭，而不是居民个体。家庭特征变量（家庭规模、人口结构、收入水平居住模式等）、生活方式及习惯（休闲娱乐、饮食结构、工作类型、出行方式、房屋所有权等）、技术水平、政策法规和市场结构等都是影响家庭低碳能源消费行为的重要决定因素（Poortinga et al.，2004；Steg et al. , 2009；Carrete et al. , 2012）。很多学者的研究佐证了社会学的研究观点，巴肯巴斯（Barkenbus，2010）通过分析美国个人交通及家庭能源消费时发现，二者的碳排放量占全国总碳排放量的32%～42%，且随着人们出行量的增加、房屋设计的变革以及其他社会结构变量的影响，个人交通和家庭能源消费的碳排放量在总体碳排放量中的比重将会进一步提升。张馨等（2010）从消费项目（如食品、衣着、家庭设备、文化娱乐等）方面研究了居民家庭能源消费行为的影响因素。张燕和秦耀辰（2012）探讨了家庭规模、家庭收入、房屋所有权等变量对城市居民家庭能源消费碳排放之间的差异。

社会学研究范式基于家庭及社会的视角研究居民低碳能源消费行为，在长期的时间跨度和广泛的社会背景中进行探讨，拓展了对居民低碳能源消费影响因素的研究范围。局限之处在于，该范式着重关注社会学变量，忽视了居民自身特征，缺乏对行为主体的充分认知，且研究方法以定性探讨为主，缺乏对各变量间深层关系的分析，难以确定各类因素对居民低碳能源消费行为的影响程度。

三、行为经济学范式

该范式主要以西方经济学、制度经济学、实验经济学及行为经济学为理论基础，把居民低碳能源消费行为看作一种合理化的理性选择。西方经济学和制度经济学认为个体所做出的经济决策"完全理性，追求自我利益最大化"，由外在激励因素决定；而实验经济学和行为经济学则认为个体是"有限理性的经济人"，行为决策是居民自身特征及外界环境共同作用的结果（Camerer，2004）。行为经济学的研究发现，能源政策、个体特征并不必然影响居民的低碳能源消费行为，而环境的不确定性会对二者之间的关系起着干扰作用，实验经济学则基于心理学实验，探讨个体特征及对外部环境的认知和情感对居民低碳能源消费行为的影响（Klöckner et al. , 2010）。郭琪（2007）利用行为经济学构建了居民能源消费选择函数，分析了公众自身、行为工具及政府引导政策三类因素对居民节能行为的影响，发现公众自身与行为工具因素会通过影响主体偏好决定能源消费行为，而政策因素可以引导居民的能源消费行为。

行为经济学范式突破了传统经济学的研究局限，把行为理论代入效用理论的规范分析中，通过构建数理模型分析居民的行为决策。但由于行为经济学的研究尚处于探索阶段，主要依靠实验法进行实证研究，缺乏大规模样本的检验，外部效度不足，难以得出更多有说服力、对政策制定有现实指导意义的研究结论。

第四节 文献综述

从目前国内外研究文献来看，对于居民能源消费行的研究，主要是基于居民的调研数据进行的实证研究，也有一些利用实验和宏观数据分析来完成，研究成果也最为丰富。学者们从居民低碳能源消费行为的影响因素、引导政策等方面进行了深入探讨。

一、居民低碳能源消费行为的主要影响因素研究

现有国内外对居民低碳能源消费行为的研究成果主要集中在居民的亲环境行为，通过对居民的调查，利用第一手数据进行实证研究，也有一些运用实验和宏观数据分析来完成的，积累了丰富的研究成果。对于居民低碳能源消费行为影响因素的关注，主要集中在个体态度变量（环境态度、环境价值观、环境知识等）、人口统计学变量（生活方式、家庭规模、居住方式、年龄、性别、收入等）、情境变量（成本与报酬、社会规范、宣传教育等）等方面。

（一）态度变量

一般而言，对于这些变量的研究大多基于心理学范式，即态度决定行为，态度、价值观等会影响居民的低碳消费行为。

1. 环境态度

多数实证研究的结论证实了积极的环境态度会对居民低碳能源消费行为产生显著的促进作用。加特斯莱本（Gatersleben，2002）在调查中发现，能源消费行为与能源使用态度相关，而与个体所持有的环境态度关联度较低；阿布拉哈姆斯等（Abrahamse et al.，2009）通过实证研究得出结论，居民低碳能源消费行为受家庭收入、规模等变量的影响，但节能行为（行为改

变）则更多受到心理变量的影响，他们认为能源消费总是受到经济、环境等外在条件的限制，而行为的改变需要更多的内在动机的努力实现；古林等（Guerin et al.，2009）认为，当居民态度和低碳能源消费意愿显著相关时，家庭特征变量能较强的预测人们的低碳能源消费行为；斯泰格（Steg，2008）在总结相关心理学研究的基础上，提出外部因素对居民低碳能源消费行为的刺激是短暂的，随着外部条件的消失，行为会因为缺乏驱动而随之消失，但如果这种行为源于对能源问题的积极态度，外界变化对行为的影响将会变小，这时的能源消费行为更稳定。

在国内的研究中比较常见的态度变量是环境意识和消费观念。季萍和汪菁（2002）认为，环境意识是环境行为的重要影响因素，而环境行为对环境态度亦具有促进作用；姚建平（2009）指出，居民的能源消费观念是影响其能源消费的主要因素，其中最重要的是节能和环保意识；张艳（2011）认为，居民能源消费意识对能源消费行为具有重要影响，但其影响程度受到其他因素（经济、家庭、相关群体等）的干扰。

2. 环境价值观

斯特恩等（Stern et al.）在施瓦茨（Schwartz）的个人价值观体系中提炼出三种环境价值观：生态价值观、利他价值观和利己价值观。生态价值观是自然环境具有的内在价值和权利，利他价值观是从人类整体利益的角度关注和保护环境，利己价值观是从个体自身利益的角度关注环境问题。诺伦德等（Nordlund et al.，2002）的研究表明，生态价值观与环境行为正相关，而利己价值观与之负相关；曲英（2007）在分析城市居民生活垃圾源头分类行为意向的影响中，证实了利己和利他环境价值观对源头分类行为都有显著影响；普亭加等（Poortinga et al.，2004）开发了针对家庭能源消费行为价值观的测量量表，把价值观分为自我增进、变革开放、环境质量等七个维度，并以此展开调查研究发现，相对于家庭规模、经济收入等社会变量，价值观和态度变量对居民能源消费行为的作用明显减弱，价值观中只有"变革开放度"维度对交通能源使用具有较强的相关关系；伯川德等（Bertrand et al.，2011）也认为价值观会影响居民的能源消费行为，但只通过环境个人规范对居民能源消费行为产生间接影响，且外部条件（低碳能源可获得性、便利性等）在二者之间起调节作用。

尽管多数研究证明了环境态度类变量对居民低碳能源消费行为的影响，

但也有学者指出这种影响是微弱而不明显的。如亨特（Hunt，2011）的研究就表明环境知识对亲环境行为无显著影响；索格森等（Thogersen et al.，2002）则认为价值观对能源消费行为的影响是很小的；帕克等（Parker et al.，2007）的调查也发现，脱离有针对性的宣传、指导和技术支持，积极的环境态度并不能引发居民积极的能源消费行为。德·格鲁特等（De Groot et al.，2010）指出这可能是由于能源消费行为本身的特殊性决定的，如个体节能行为效果不显著，对环境危害难以察觉，多数情况下环境问题是"眼不见为虚"等。

（二）人口统计变量

低碳能源消费需求涉及居民日常取暖照明、清洁、食物供应、娱乐和信息等方面，在很大程度上受到居民人口统计学特征变量（如生活方式、家庭结构、居住方式、年龄、性别、收入、教育水平等）的影响。

1. 生活方式

迪厄茨等（Dietz et al.，2013）指出，居民低碳能源消费行为是建立在习惯和惯例基础之上的（如照明、做饭、清洁等），少部分能源消费行为是一次性的行为（如房屋投资、家电购买等），因此生活方式及习惯是决定居民低碳能源消费行为最主要的因素。生活方式的改变可以影响能源消费活动的选择（如从奢华型转变为节约朴素型），从而形成科学合理的能源消费模式（Bin et al.，2005）；由于习惯有强弱之分，埃里克森等（Eriksson et al.，2008）认为，对于弱习惯，可以采取教育或信息暗示来引导居民进行自我控制以达到目的，但对于强习惯，则必须改变情境结构，使消费者摆脱对固定结构框架的依赖，以形成低碳的能源消费生活方式。

2. 家庭规模及结构

帕克等（Parker et al.，2005）的研究表明，有儿童或高收入家庭的能源消耗量显著高于其他类型家庭；萨迪亚诺（Sardianou，2005）的研究显示，人口较多的家庭比较倾向于采取节能措施；但阿布拉哈姆斯等（Abrahamse et al.，2009）认为，规模更大的家庭并不必然会采取更多的节能措施，还取决于家庭收入的高低；卡尔松等（Carlsson et al.，2005）则从家庭的代际出发，认为年轻一代的家庭比上一代家庭会消耗更多的能源；布伦奇克等（Brenčič et al.，2009）通过家庭能源数据分析指出，随着居民采用省时的家电，家庭能源使用也发生了改变，例如由于使用洗衣机、微波炉等家电，节约了在烹饪和洗衣上的时间，居民有更多的时间可以用在休闲娱乐方面，这样会使得家庭能源的使用重新分配。

3. 居住方式

居住方式主要包括家庭住宅的规模及是否拥有住宅所有权等。一般而言，住宅规模越大，居民越倾向于采用节能措施减少能耗，而住宅所有权则影响居民采取何种节能措施：租房者很少投资于租赁房屋的能效改进，大多通过改进行为减少能源使用（Black et al.，1985）。马斌齐等（2007）认为影响节能住宅建筑能源使用的因素可归纳为建筑基本状况、温度舒适性要求、当地气候及气象特点等几方面（2007）。申晓宇等（2009）在对上海居民小区建筑能耗的分析中指出：住宅的通风设备、空调使用情况、关门开窗及对温度舒适性的感受等会影响居民家庭用能。

4. 其他人口统计学因素

有研究表明，年轻、高收入、高文化程度、高经济地位的人口群体具有更好的节能意识，更倾向于采用低碳节能产品（Singh，2009）。但也有研究得到相反的结论，认为此类群体崇尚新的生活方式，生活节奏更快，他们的能耗水平更高（Steg，2009）。姚建平（2009）在总结以往研究的基础上，指出人口学因素是影响城乡居民家庭能源消费行为的主要因素之一，主要包括性别、年龄、婚姻状况、家庭类型等。国外也有研究发现，收入水平对低碳能源消费行为有很强的解释力，年龄与节能意愿呈负相关关系（Sardianou，2007），女性比男性更关注节能（Druckman，2009）。

在人口统计学所包括的各种变量中，很多变量对居民低碳能源消费行为的作用并不稳定。许多学者指出，现有的多数研究并不能得出年龄、教育程度、收入水平等与低碳能源使用行为较为一致的关系（Jansson，2009；Markowitz，2012），性别、职业、家庭规模等与居民低碳能源消费行为的关系也不显著（Hawcroft，2010）。

（三）情境变量

情境变量是指对居民低碳能源消费行为产生影响的外部因素，主要包括成本与报酬、社会规范、宣传教育等。

1. 成本与报酬

能源价格决定了居民能源消费的经济成本，威莱姆（Willemé，2003）认为，能源价格与节能量之间存在显著的同向关系，节能措施间的相互影响会降低彼此的节能潜力，但不影响节能措施的价格敏感度。洛佩斯（Lopes et al.，2005）也指出能源价格是影响节能行为的主要因素。但也有研究认为，能源价格的作用有限，对不同群体的影响程度差异较大，安科—尼尔森（Anker－Nilssen，2003）研究发现，更高的能源价格可以有效减少工业企业的能源消耗，但价格对家庭能源消费的作用却并不明显，能源价格的上升导致低收入家庭更注意节能，而高收入家庭则没有做出反应。结合上述两种观点，有研究认为，对于不同的能源，价格对消费的影响作用不同，伯克霍特等（Berkhout et al.，2004）通过计量研究发现，家庭能源需求总体是缺乏弹性的，但电力的价格弹性比天然气更高一些，家庭电力需求会通过价格的改变而有所改变，而天然气需求则很大程度上依赖于价格以外的其他因素。

2. 社会规范

社会规范产生的压力能显著影响居民低碳能源使用行为（Gärling et al.，2003）。瑞斯等（Reiss et al.，2006）对比了价格和公众压力对居民低碳能源使用行为的影响，结论表明，虽然两种方式都会对居民低碳能源使用产生作用，但相对于价格带来的快速反应，引发公众诉求会让居民产生更加持久的节能行为；麦肯齐等（McKenzie et al.，2010）的研究也发现，居民的个人社交圈是影响居民低碳能源消费行为的一个重要因素；埃格诺德等（Egnond et al.，2006）则认为，在低碳消费行为的持续阶段，来自同等水平其他群体的反馈是最主要的影响因素之一。王建明和王俊豪（2011）通过扎根理论分析，认为社会规范在低碳心理意识对居民低碳消费模式选择的影响中起着调节效应。

3. 宣传教育

现有研究普遍认为宣传教育通过改变居民认知、增进知识进而改变居民的低碳能源消费行为。欧阳等（Ouyang et al.，2009）通过对比实验研究发现，通过节能教育可以改进居民家庭生活的用能行为（平均节电10%），促进居民节能的重点应从技术措施转向改变居民消费行为，宣传教育是重要手段。对于宣传教育的知识类型，有学者提出了更为深入的观点。斯泰格

（Steg，2009）指出，宣传教育的作用主要是通过提供更多如何做的信息和知识来实现，与居民低碳能源消费直接相关的知识和技能才有利于行为的改善和落实。虽然大部分学者对信息宣传对居民低碳能源消费行为的影响取得了较为相似的积极结论，但也有学者认为宣传教育的作用是不确定的，如阿布拉哈姆斯等（Abrahamse et al.，2005）发现，信息宣传倾向于导致更高的知识水平，但不一定导致行为的改变和能源的节约。

二、居民低碳能源消费行为引导政策及措施研究

目前，关于居民低碳能源消费行为的引导政策及措施研究主要集中在经济政策，但近年来，对于不同类型政策工具的探讨也在逐步开始。总结而言，主要体现在以下三个方面。

（一）经济政策对于居民低碳能源消费具有激励和约束功能

经济政策主要包括补贴、减免税收、提高价格、征收能源税等，其中补贴和减免税收属于正向激励政策，提高能源价格和征收能源税属于反向激励政策。有研究表明，税收优惠和补贴政策与居民的节能行为存在显著的正相关关系，提高能源价格和征收能源税对居民能源需求具有明显的抑制作用（Gillingham et al.，2009）；阿迪亚诺（Aardianou，2010）也指出，税收优惠或补贴可以鼓励家庭节能、购买低碳能源等能源消费行为；彼得等（Peter et al.，2004）也认为价格工具和能源税能抑制和减少居民对电力的需求。我国学者柴建等（2012）通过构建模型研究发现，能源价格的变动对能耗的影响具有显著的时变特征；樊丽明和郭琪（2007）探讨了政府财税政策对公众节能行为的影响，提出通过消费税、碳税等财政工具来影响公众的能源消费成本进而影响其节能行为。

（二）特定的经济政策并不必然会诱发居民的低碳能源消费行为

埃格蒙德等（Egmond et al.，2005）研究发现，税收优惠作为一种激励手段，其作用远没有想象的有效，对于环境问题的态度、社会规范及反馈机制强烈地影响居民的能源消费行为，而政策的作用却很微弱；布伦奇克等（Brenčič et al.，2009）也认为，通过税收、补贴等引导居民购买节能设备，其作用仅限于一次性购买，而促进居民节能减排的政策效果取决于居民使用

节能设备后对空闲时间的分配方式；关于经济政策效果的争议，主要源于研究者大多没有对节能行为的诱因进行区分，根据甘斯（Gans，2012）的观点，节能行为的动机源主要有两种：一是自觉节能行为；二是引致节能行为。自觉节能行为来源于居民的内在动机，不需要外部经济刺激也会发生，而引致节能行为则是外部激励的结果，经济政策作用的是引致节能行为，对自觉节能行为作用不大，如不对节能行为进行区分，对经济政策的效果就会产生争议，但这个原因还有待进一步证明。

（三）不同政策类型影响效果的比较

近年来，学者们开始研究不同类型政策对居民低碳能源消费行为的影响效果，试图通过政策效果对比来寻求引导居民低碳能源消费行为的有效政策组合。林登等（Lindén et al.，2006）把政策工具分为信息工具、经济工具、行政工具和物理工具四类，他指出政策工具的意图是影响居民的能源消费进程，导致居民更谨慎地使用能源，实施更多的亲环境行为，不同的政策工具在影响力和效果上存在差异，具体见表2－1。斯泰格（Steg，2008）指出，信息和政策工具是有效的，但它们的影响需要较长时间，行政工具能起到立竿见影的效果，但需要政府宣传介绍这些政策并进行监管，物理工具是通过推进能源设备的改进来实现，如能与惩罚性工具保持一致，效果会更显著。阿布拉哈姆斯等（Abrahamse et al.，2005）通过元分析发现，信息工具倾向于导致更高的知识水平，但不必然带来行为的改变和能源的节约，经济工具能有效地激励节能行为，但效果较为短暂，如果信息反馈频繁，信息工具的优点会很显著。

表2－1　　　　　　　　　　不同政策工具的影响及效果

政策工具	影响	效果
信息工具	自愿的	慢
经济工具	催化的	短期
行政工具	直接的、强制的	中期
物理工具	提醒、重复	改变习惯

第五节 概念模型

从以上文献分析可以看出，国内外学者从宏观、微观视角，采取不同的研究范式，围绕能源消费的相关变量进行了深入研究，取得了大量有价值的成果，为本书提供了坚实的理论基础，对探讨农村居民能源消费行为有着非常重要的借鉴意义。然而，纵观现有的研究文献，我们也发现存在以下几点不足：

从研究对象上看，现有研究大多关注城市居民的能源消费和节能行为，对于农村生态文明建设背景下农村居民低碳消费行为的研究相对缺乏，尽管近年来有学者开始关注农村居民的低碳消费，但仅探讨农村居民低碳消费中的一次性购买问题（如购买太阳能、节能家电等），而鲜有研究农村居民在日常生活中的低碳化使用管理行为。因此，本书聚焦于农村居民的低碳能源消费行为，全面考察其低碳能源消费过程中的购买、使用和管理行为。

从研究范式上看，虽然学者们基于不同的研究范式得到了很多有意义的结论，但也存在范式间研究结论不尽一致、外部效度不足等问题，正如环境行为领域创始人迪厄茨等（Dietz et al.，2009）指出："为了弥补不同学科研究的局限性，应尝试整合社会结构类及心理类变量，建立综合研究模型。"虽然近几年有学者进行了一些有益的尝试，但还缺乏足够深入的研究和实证支持。故本书通过质性研究，构建出农村居民低碳能源消费行为形成机制模型，再利用实证研究综合考察社会变量、心理变量及情境变量对农村居民低碳行为的影响。

从研究视角上看，由于西方发达国家对居民能源消费行为的研究开展较早，国内研究重视对国外已有研究成果的借鉴和验证，对我国特定发展阶段、特殊文化心理下特定群体的能源消费观念、个性心理特征、社会规范、引导政策等对低碳能源消费行为影响的深入研究还不多见。因此，本书在总结前人研究成果的基础上，系统分析农村居民低碳能源消费行为的影响因素。

从研究方法上看，已有研究主要以经济学分析和质性研究方法为主，从社会学、心理学及行为学角度开展的实证研究较少，虽然基于方法多样性的综合模型研究已被提及，如王建平和王俊豪（2011）通过扎根理论构建出公众低碳消费模式整合模型，但缺乏实证检验，导致各变量的作用分析还不够深入，大部分停留在变量间的直接关系层面上，对变量间深层关系的解释不足。有鉴于此，本书在构建模型的基础上，通过实证研究以探明农村居民低碳能源消费行为的影响因素、作用机理及路径关系。

从引导政策上看，目前对居民低碳能源消费行为引导政策的研究主要集中在经济政策，也有少部分学者开始关注不同政策类型的影响效果，但大多停留在理论探讨层面，或是基于几个变量分析政策的影响效力。本书综合考察不同引导政策对不同农村居民群体低碳能源消费行为绩效的影响方式及程度，并在此基础上提出政府的引导政策路径选择。

基于以上研究启示，本书选择以鄱阳湖生态经济区内农村居民为样本，通过小规模座谈、深入访谈及大规模问卷调查，构建出农村居民低碳能源消费行为形成机制模型，如图2－4所示。然后通过实证研究分析各影响因素的作用路径及方向，以掌握农村居民低碳能源消费行为的典型特征，深入分析其产生的原因，为政府制定有效的低碳能源消费引导政策提供理论支撑。

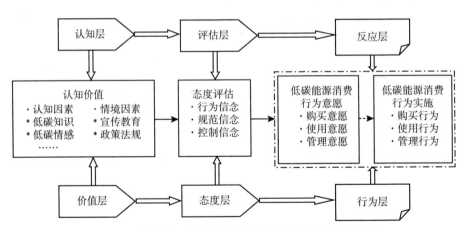

图2－4　农村居民低碳能源消费行为形成机制理论模型

第三章

农村居民低碳消费行为影响因素研究

第一节 引 言

全球气候变暖和碳排放对世界各国生态环境和社会经济已经产生了非常显著的负面影响，成为国际社会普遍关注的焦点问题。近40年来，我国经济飞速发展，居民的消费能力和生活水平显著提升，但环境也遭到了巨大破坏。根据二氧化碳信息分析中心（CDIAC）的数据显示，中国已经成为继美国之后的世界第二大CO_2排放国，2013年初我国出现大范围的雾霾天气，就与交通、生产、生活所需的能源消耗的污染物排放有着直接关系（新华网，2013）。有研究表明，环境质量下降的30%~50%是由人们的消费活动引起的（Abrahamse et al.，2009）。芈凌云（2011）的调查结果显示，居民直接和间接消费所导致的能源消耗可能占到50%~60%，将成为我国未来能源需求增长和二氧化碳排放增长的主要来源。因此，人们在享受现代生活的舒适与便利的同时，也不得不考虑由碳排放引起的温室效应给人们带来的后果。

英国政府在2003年2月24日发布的能源白皮书《我们能源的未来：创建低碳经济》一书中，首次提出了低碳经济（low-carbon economy）的概念，并开创性地提出了引起全球轰动的建设低碳经济和低碳社会的政策。在2009年召开的哥本哈根气象大会上，美国、欧盟、日本等国家达成了《哥本哈根协议》，希望彼此能够遵守协议减少温室气体排放，控制全球气候变暖的态势。发达国家已经意识到发展低碳经济的重要性，开始在能源利用技术、可再生能源开发和环保技术上进行大规模投资，以期达到充分利用能源、减少二氧化碳排放的目标。发展中国家在兼顾经济发展的同时，也将"低碳经济发展"提上日程，但不应走西方发达国家的老路，而应做到经济发展的同时保护环境。低碳经济发展模式以其低能耗、低污染和低排放的特性引起全球的关注，被认为是一场应对气候变化的全球性革命。

在全球积极应对气候变化的大背景下，我国作为能源消耗量巨大的发展中大国，也十分重视气候变化问题。为了应对环境恶化和能源紧张的形势，实现节能减排的目的，我国先后出台了一系列应对碳排放和气候变化的国家方案。自 2003 年以来，国务院先后发布了《节能中长期专项规划》《关于做好建设节能型社会近期重点工作的通知》《关于加快发展循环经济的若干意见》等政策性文件。在 2010 年的十一届人大三次会议上，我国总理温家宝就明确指出要大力发展"以低碳排放为特征的产业体系和消费模式"。在制定全国节能减排目标的同时，为了推进农村生态文明建设及能源建设，2012 年中央"一号文件"明确要求："加强农村沼气工程和小水电代燃料生态保护工程建设，改善农村人居环境"。2013 年中央"一号文件"明确提出："推进农村生态文明建设。加强农村生态建设、环境保护和综合治理，努力建设美丽乡村。"

在国家制定节能减排政策及目标，推进生态文明建设的大背景下，低碳消费受到学界的广泛重视，学者们对此展开了大量研究，取得了丰硕的成果。但研究成果大都是基于城市居民，关于农村居民低碳消费行为的研究还比较少见。而 2011 年《中国能源统计年鉴》显示，1997～2010 年，农村居民人均生活用能量的增长速度远远高于城市人均生活用能量的增长速度。王长波等（2011）对中国农村能源消费的碳排放进行核算，结果显示，1979～2007 年，中国农村能源消费的 CO_2 排放已从 8.89 亿吨增至 28.74 亿吨，呈现快速增长的趋势。鉴于现实与理论的差距，研究我国农村居民的低碳消费行为，对于制定相关农村低碳消费政策、减少碳排放有着重要意义。

2009 年 12 月，国务院正式批复《鄱阳湖生态经济区规划》，标志着建设鄱阳湖生态经济区正式上升为国家战略。2010 年 7 月，江西省会城市南昌（生态经济区规划范围内）成为首批低碳试点城市，2012 年 11 月，生态经济区规划城市景德镇市被列入第二批低碳试点城市。为此，国家及地方制定了一系列低碳消费扶持政策，但已有调查发现，农户对一些低碳产品的购买积极性并不高，环境污染问题仍然比较严重。这些问题背后的深层原因是什么？农村居民的低碳消费行为是如何形成的？基于这些思考，本书拟通过调查研究鄱阳湖生态经济区农村居民的低碳消费情况，分析影响农村居民低碳消费行为的主要因素及其作用路径和影响程度。

第二节　模型构建

首先，通过研究文献整理出低碳消费过程中涉及的因素，其中包括低碳消费认知、低碳情感、价值观、环境责任感、低碳消费态度、感知行为控制、主观规范、感知效力、情境因素、人口统计变量、低碳消费意愿、低碳消费行为等。然后在现有研究理论的基础上，结合研究小组的多次讨论以及对亲戚朋友、老师同学的访谈资料选择以下8个本书模型所涉及的变量：低碳消费知识、低碳情感、环境价值观与责任感、宣传教育、政策法规、人口统计变量、低碳消费态度、低碳消费行为。其次，在分析和整理前人相关研究的基础上，借鉴计划行为理论及价值—信念—规范理论，沿着认知—评估—反应及价值—态度—行为的逻辑思路，利用访谈调研资料，通过质性分析构建出农村居民低碳能源消费行为形成机制的理论模型，初步模型见图3-1。

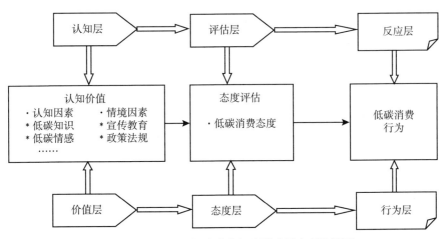

图3-1　农村居民低碳消费行为影响因素理论模型

根据相关文献及项目组掌握的资料，"认知因素"拟用低碳知识、低碳情感、环境价值观与责任感等项目进行测量；"情境因素"拟用宣传教育、政策法规等项目进行测量；"态度评估类变量"拟用低碳消费态度来测量；"低碳消费行为"则通过低碳产品购买行为、低碳产品使用行为、低碳产品管理行为三个项目来测度。

第三节　假　设　提　出

一、认知价值类变量对低碳消费态度的影响

低碳认知主要包括人对于人和自然之间关系及对低碳消费原则、规范和理论知识的掌握。人对低碳消费的认知水平直接影响其对低碳消费的态度，消费者对低碳消费知识了解越深刻，低碳消费认知越会影响消费者低碳消费态度。塞斯特和马古拉特（Cestre and Marguerat，2004）的研究认为生态环境知识对消费者的态度有较明显影响；白光林等（2012）的研究结果也显示绿色消费认知正向影响绿色消费态度。因此，提出以下假设：

H_1：农村居民低碳知识正向影响其低碳消费态度。

情感是在外在刺激、生理变化和认知等的综合作用下产生的，是人类行为的基础，是真实自我的体现，分为认知情感和事实情感两类。事实情感是指人能够自己评价的情感，认知情感是与人的认知相关的情感。情感主导态度，会帮助消费者采取适当的态度，识别其潜在需求。塞诺迪诺斯等（Synodinos et al.，1990）分析表明，消费者对环境问题的感知越强烈，其对亲环境行为的态度越积极；任健（2010）认为，生态道德情感是指人对处理人与自然关系的事件是否符合自己的道德需要而产生的内心体验。只有具备了一定的生态道德情感，并对环境问题有鲜明强烈的情感，才能激发对保护环境行为的赞扬及对破坏自然环境的厌恶，从而督促自身主动关注环境问题，践行低碳消费。汪兴东（2012）的研究结果也表明，情感对消费者低碳消费态度有显著影响。因此，得到假设：

H_2：农村居民低碳情感正向影响其低碳消费态度。

斯特恩（Stern）等人于1994年提出价值观基础理论，认为每个个体虽然具有不同的价值观，但价值目标基本相同，分别指向个人、他人和生物。1999年，斯特恩进一步扩展了价值观基础理论，提出了价值—信念—规范理论（value-belief-norm theory，VBN），认为新环境价值观是由三种价值观（利己价值观、利他价值观、生态价值观）共同作用形成，在新环境范式的基础上，拥有生态世界观的人们，能够引发对环境问题的信念，包括对行为后果的认知和判断，以及对环境问题的责任归属的思考，进而激发出个人道德规范，使个体产生亲环境行为的责任感，形成积极的环境态度。海恩斯等（Hines et al.，1986）将环境责任意识定义为个人对环境问题或为解决环境问题采取的某种行为所表现出来的责任感和道德感。王建明、贺爱忠（2011）就低碳利益关注和低碳责任意识对城市居民低碳消费行为的影响进行了实证研究，发现城市居民低碳利益关注和低碳责任意识都会显著正向影响低碳消费态度，并通过影响低碳消费态度进而对低碳消费行为产生影响，因此，得到假设：

H_3：农村居民环境价值观与责任感正向影响其低碳消费态度。

情境因素是指对实施低碳消费行为有影响的外界因素，低碳消费态度既受到人们自身内部因素的影响，也被外部环境、条件所影响，很多学者的研究表明，成本与报酬、社会规范、宣传教育、制度政策等外部因素对于促进或阻碍消费者进行低碳消费行为具有显著作用。当情境因素有利时，居民更容易表现出积极的低碳消费态度，实施低碳消费行为也更容易。所以本书提出如下假设：

H_4：宣传教育正向影响其低碳消费态度。

H_5：政策法规正向影响其低碳消费态度。

二、低碳消费态度对低碳消费行为的影响

低碳消费态度是指低碳消费行为主体对某种特定的、具体的低碳消费行为所存在的一般而稳定的倾向、立场或看法。巴尔德杨（Balderjahn，1988）通过研究发现，个人对具有生态环境意识的生活态度受其对待污染态度的影响，其对生态型生活方式态度越积极就越倾向于生态消费；贺爱忠等（2011）

就低碳利益关注和低碳责任意识对居民低碳消费行为的影响进行了实证研究，发现居民低碳利益关注和低碳责任意识都会显著正向影响低碳消费态度，而低碳消费态度对低碳消费行为有显著正向影响；白光林、李国昊（2012）在绿色消费认知、态度、行为及其相互影响的研究中也指出绿色消费态度会影响绿色消费行为，对绿色消费拥有积极态度的人，实施绿色消费行为的可能性越大；然而，帕克等（Parker et al.，2003）早先的调查却发现，脱离有针对性的宣传、指导和技术支持，积极的环境态度并不能引发居民积极的低碳消费行为。为进一步研究低碳消费态度对低碳消费行为的影响，参考多数证实了积极的低碳消费态度会对居民低碳消费行为产生显著促进作用的实证研究结论，本书提出如下假设：

H_6：农村居民的低碳消费态度正向影响其低碳消费行为。

三、人口统计特征变量的调节作用

大多学者研究证明了人口统计变量各因素对低碳消费行为具有显著的影响，但同时也有学者通过研究指出，人口统计变量对低碳消费行为的影响有限，某些人口统计变量对低碳消费行为影响的显著性并不大。虽然人口统计特征变量对低碳消费行为的影响因研究对象的不同而不同，但消费者人口统计特征能够在一定程度上表明其在社会结构中所处地位和境况，从而为判断其所受心理因素和情境因素的影响作用提供信息。白光林等（2012）通过研究表明收入水平对绿色消费认知与绿色消费行为之间的关系及绿色消费态度与绿色消费行为之间的关系具有调节作用；贺爱忠等（2011）在农村居民低碳消费行为影响因素的实证研究中以人口统计特征作为调节变量进行多群组分析，结果表明性别、家庭规模、收入、年龄等调节变量在不同假设路径中的影响存在差异。因此，我们在本书中将农村居民的人口统计特征作为调节变量，从农村居民年龄、性别、收入水平、教育程度、家庭规模五个方面研究农村居民的个体特征在低碳消费行为影响因素模型中所起的调节作用。具体假设路径如图3-2所示。

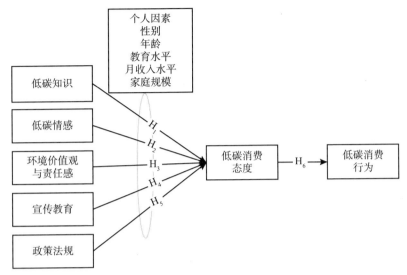

图 3－2 低碳消费行为影响因素研究模型假设路径

第四节 实证分析

一、问卷设计

调研问卷是在整理现有研究和专家小组讨论的基础上设计形成的，总共包含四个部分。其中除了人口统计特征、低碳认知采用选择题的形式，其他全部采用量表的形式，且全部量表采用里克特七级评分法打分，认同度从低到高，1 分表示完全不同意，7 分表示完全同意。

（1）农村居民人口统计特征变量。以农村居民人口统计特征变量为调节变量，这部分由六个问题组成，分别用来询问农村居民的性别、年龄、教育程度、婚姻状况、家庭月收入及家庭规模。

（2）农村居民认知价值类变量。认知价值类变量为自变量，包括认知因素与情境因素两个部分，农村居民认知因素与情境因素的调查是问卷调查最重要的部分。而认知因素由低碳知识、低碳情感、环境价值观与责任感三个部分组成，分别设置了 4 个、5 个、4 个问题，情境因素由宣传教育、政策法规两个部分组成，分别设置了 4 个问题，通过这些问题来测量农村居民认知因素与情境因素自变量。

（3）农村居民态度评估类变量。主要由低碳消费态度来测量，低碳消费态度（attitude of low-carbon consumption）是指低碳消费行为主体对某种特定的、具体的低碳消费行为所存在的一般而稳定的倾向、立场或看法。共设置了7个问题来测量农村居民的低碳消费态度。

（4）农村居民低碳消费行为因变量。居民低碳消费行为是指消费者在日常消费过程（包括购买购置、使用管理、处理废弃全过程）中自觉实行低能耗、低污染、低排放的消费行为模式。由于人们的低碳消费行为主要包括购买、使用、管理三个阶段的低碳行为，所以我们在对农村居民低碳消费行为进行研究时，将低碳消费行为分为三个维度，分别是"低碳购买行为""低碳使用行为""低碳管理出行"。共设置了6个问题来进行测量。相关变量的具体设置如下：

（5）农村居民人口统计特征变量。共设置了6个问题来测量人口统计特征，分别对应农村居民的性别 G（Gender）、年龄 A（age）、婚姻状况 M（Marriage）、学历程度 E（Education）、家庭规模 F（Family scale）和家庭月收入 I（Income），具体设置如表3–1所示。

表3–1　　　　　　　　　　　人口统计特征变量一览

变量	调查项目
G	您的性别
A	您的年龄（岁）
M	您的婚姻状况
E	您的学历层次
F	您家人口总数（人）
I	年家庭总收入（元）

（6）低碳消费行为认知因素与情境因素自变量。共设置了21个问题来衡量认知因素和情境因素，对应的具体变量设置如下：

①低碳认知类自变量 C（Cognitive），主要针对农村居民对相关低碳知识的了解程度设置测量问题，借鉴了马洛尼（Maloney，1973）和汪兴东

（2012）的相关研究，设计了 4 个题项，对应的变量代号依次为 C1、C2、C3、C4。

②低碳情感类自变量 E（Emotion），主要借鉴马洛尼（Maloney）、弗拉吉（Fraj）的情感测量语句，用低碳消费代替生态消费测量农村居民的低碳情感，共设置了 5 个问题，对应的变量代号为 E1、E2、E3、E4、E5。

③环境价值观及责任感类自变量 V（Value），借鉴了陈（Chan，2004）的相关研究，设置了 4 个问题，分别对受访者利己主义、利他主义、生态主义价值观及环境责任感等方面设置测量问题，对应的变量代号为 V1、V2、V3、V4。

④宣传教育类自变量 P（Publicity），自行开发量表，设置了 4 个问题，对宣传教育方面进行度量，4 个问题对应的代码依次为 P1、P2、P3、P4。

⑤政策法规类自变量 R（Regulation），自行开发量表，共设置了 4 个问题，主要对政策法规的经济工具进行度量，对应的变量代号依次为 R1、R2、R3、R4。

具体设置如表 3 - 2 所示。

表 3 - 2　　　　　　　　　　认知价值类变量一览

变量	调查项目
C1	属于可再生能源的是
C2	您清楚下列哪项不属于低碳饮食？
C3	从"低碳生活"角度来看，正确使用冰箱的做法是
C4	属于清洁能源的是
E1	得知中国家庭平均每年排放 2.7 吨二氧化碳时，我很震惊
E2	当我听说政府决定，到 2020 年单位国内生产总值的二氧化碳排放量比 2005 年下降 40% ~50%，我很欣慰
E3	当听说在 22 世纪全球温度将升高 3 摄氏度时，我感到恐慌
E4	得知我国一次性筷子及餐具使用量全球第一，我感到很愤怒
E5	得知 2013 年我国农村家庭平均每年排放 1.75 吨二氧化碳，较上年增长了 7% 时，我很惊讶
V1	人类有权改造自然以满足自身的需要
V2	环境污染对公共健康的影响比我们意识到的更糟糕

变量	调查项目
V3	尽管人类有能力改造自然，但依然要服从自然规律
V4	为了低碳节能，我愿意牺牲一些个人利益
P1	媒体和村上的宣传让我学会了很多低碳节能的知识和技能
P2	通过媒体报道，我意识到能源消费带来的环境问题日益严重
P3	好的宣传促销活动，会促使我购买节能产品
P4	知道如何进行低碳消费，对我是否购买和使用很重要
R1	如果开征低碳税，我会更注意低碳消费
R2	如果购买低碳节能产品有税收优惠，我会选择购买
R3	如有政府补贴，我更愿意购买低碳节能产品（如节能家电、太阳能等）
R4	如果政府制定阶梯电价（超过一定的量，电价会更高），我会减少电器的使用时间

（7）低碳消费态度变量 AC（attitude of low-carbon consumption）。低碳消费态度的测量题项主要借鉴了巴巴罗—弗利（Barbaro - Forlea，2001）和陈（Chan，2001）的相关研究，设计了 7 个题项，对应的变量代号依次为 AC1、AC2、AC3、AC4、AC5、AC6、AC7。具体设置如表 3 - 3 所示。

表 3 - 3　　　　　　　　　　低碳消费态度变量一览

变量	调查项目
AC1	使用低碳节能产品有助于减少不可避免的环境污染
AC2	使用低碳节能产品可以有效地减少环境污染
AC3	低碳节能产品（如太阳能、液化气、沼气等）使用方便
AC4	低碳节能产品使我们的生活更为便利
AC5	我很早就关注低碳消费问题，认为个人的低碳消费行为对环境至关重要
AC6	我经常有购买低碳产品的想法
AC7	我对购买低碳产品有积极的态度

（8）农村居民低碳消费行为因变量 LC（low-carbon consumption）。对低碳消费行为变量的测量，本书主要借鉴了林登（Linden，2003）的相关研

究，共设置了6个问题，每个问题对应一个分变量，分为购买行为、使用时行为和管理行为三类，具体设置变量如下：

①低碳消费购买行为变量，设置了2个问题，每个问题为购买行为变量的分变量，2个问题对应2个分变量，变量代号分别为LC1、LC2。

②低碳消费使用行为变量，设置了2个问题，对应的2个变量代号依次为LC3、LC4。

③低碳消费管理行为，设置了2个问题，2个问题对应2个分变量，变量代码为LC5、LC6。

低碳消费行为具体变量设置如表3-4所示。

表3-4　　　　　　　　　　低碳消费行为变量一览

变量	调查项目
LC1	购买空调、冰箱、彩电等家电时，我总会首选节能型号
LC2	在装修房子时我会选用环保节能材料
LC3	从冰箱中存取食物时，我会尽量减少冰箱的开关门次数
LC4	我会注意用水，经常一水多用
LC5	离开房间时，我会随手关灯
LC6	在冬天天气寒冷时，我会首先考虑关闭窗户，然后再考虑使用取暖设备

二、预调查

（一）预调查的实施

在生成正式的调查问卷之前，我们首先根据文献资料及本书中所涉及的变量，设计调查问卷对南昌县、新建县及进贤县的农村居民进行预调查（150个样本），目的是根据预调查数据分析结果对初始量表进行修正和优化从而完善初始量表形成最终的调查问卷，然后展开正式调查。

预调查阶段，以方便性为原则，主要通过住在南昌县、新建县及进贤县的同学将问卷发送给自己的亲人与朋友。2014年6月10日开始发放问卷，共计150份。2014年7月20日收回120份问卷。去掉信息填写不完整、答案出现单一选择的不合格问卷，有效问卷共计90份，有效问卷率达到

75%。按照《SPSS 统计应用实务》书中的介绍，预调查对象的人数应该是调查量表中包含最多题项的"分量表"的 3～5 倍，分量表最多包含 7 个题项。因此，收集到的预调查样本（90 份）符合上述原则。

（二）预调查分析

1. 描述性统计分析

在对初始量表进行信度与效度检验之前，首先对量表收集到的数据进行描述性分析，包括每个观测变量的最小值、最大值、均值和标准差等，主要作用在于观察每个题项是否存在过高或者过低的情况，保证题项能够准确表达研究目的。分析结果显示所有题目的得分并未集中在两个极端，可见题项能够清晰表达研究目的，无须对题项文字进行删减。

2. 信度检验与效度检验

（1）信度检验。信度分析（reliability）也称可靠性分析，该检验可以用来检验量表的可靠性和稳定性，量表的信度越高，代表量表越可靠。在实证研究中，一般采用 Cronbach's α 系数检验问卷数据的可靠性。通常认为，Cronbach's α 系数应该在 0～1 之间。如果分量表的 Cronbach's α 系数在 0.6～0.7 之间，表明量表的信度处于可接受水平；如果分量表的 Cronbach's α 系数在 0.7～0.8 之间，表明量表的信度比较好；如果分量表的 Cronbach's α 系数在 0.8 以上，表明量表的信度很高。若分量表的 Cronbach's α 系数在 0.6 以下，表明量表有些项目需要抛弃或者进行修正，若分量表的 Cronbach's α 系数低于 0.35 应该予以拒绝。本书的信度检验是利用 SPSS 19.0 软件中的可靠性分析功能对问卷进行分析，分析结果如表 3－5 所示。

表 3－5　　　　　　预调查问卷中各因素的 Cronbach's α 值

因素	题项	Cronbach's α 值
低碳情感	5	0.743
环境价值观及责任感	4	0.744
宣传教育	4	0.806
政策法规	4	0.711

续表

因素	题项	Cronbach's α 值
低碳消费态度	7	0.755
低碳消费行为	6	0.727

问卷的总信度为 0.886，表明量表整体信度很好。宣传教育变量的 Cronbach's α 系数在 0.8 以上，具有较高的信度。低碳情感、环境价值观与责任感、政策法规、低碳消费态度、低碳消费行为 5 个变量的 Cronbach's α 系数都在 0.7~0.8 之间，表明这 5 个变量的量表信度比较好，可以用于实证问卷调查。

（2）效度检验。效度（validity）是指测量结果能测量到所有测量对象的程度。在内容效度上，由于本书基于国内外已有文献的成熟量表，并加入基于中国国情的特殊考虑，自行开发了部分题项，而且在量表编制过程中，与研究生导师及学院市场营销调研室的老师进行了多次讨论，也实时与部分研究生进行访谈，对问卷的指标题项进行了多次修改，以保证问卷的易于理解性和操作的可行性。因此可以认为，本书设计的量表具有较好的内容效度。

分析完问卷的内容效度之后，进一步分析问卷的结构效度。对问卷结构效度的检验，主要是通过探索性因子分析进行。经过 SPSS 19.0 分析显示，本书所使用的总量表的 KMO 值达到 0.861，比较合适做因子分析，且各潜变量下的因子负荷系数均在 0.5 以上，表明所设计的问卷具有较好的收敛效度，可用于实证调查。表 3-6 是各潜变量因子分析系数矩阵，从因子载荷可以看出问卷具有良好的结构效度，可以用于大规模的调查分析。

表 3-6　　　　　　　　　　　各变量因子载荷

测量变量	因子载荷	测量变量	因子载荷
E1	0.717	V1	0.533
E2	0.774	V2	0.843
E3	0.589	V3	0.855
E4	0.717	V4	0.771
E6	0.708	P1	0.754

测量变量	因子载荷	测量变量	因子载荷
P2	0.806	AC4	0.651
P3	0.837	AC5	0.670
P4	0.786	AC6	0.708
R1	0.723	AC7	0.539
R2	0.763	LC1	0.730
R3	0.810	LC2	0.589
R4	0.627	LC3	0.556
AC1	0.705	LC4	0.644
AC2	0.566	LC5	0.724
AC3	0.606	LC6	0.656

三、正式问卷形成

通过预调查研究对预调查问卷详细的信度和效度分析,对问卷进行了修正,分析出一些不符合信度和效度标准的问项,并进行了删除,经过修正的问卷信度、效度都符合基本要求,可以用来进行正式调查。

四、正式调查

正式问卷调查是在 2014 年暑假期间完成的,调研小组成员由同门师兄弟组成,以正式问卷作为调查工具,按照等比抽样的原则抽取鄱阳湖生态经济区农村居民作为研究对象,主要采取到农户家中拜访、路上拦截农户两种方式收集问卷,共收回 500 份,剔除内容不全或者无意义的无效问卷 102份,得到有效问卷 398 份,问卷的有效回收率为 79.6%。

五、实证分析

(一) 被调查对象基本特征

如上所述,在正式调查过程中,以鄱阳湖生态经济区农村居民作为研究对象,共收回 500 份问卷,其中有 102 份数据填写不完整、答案相同或者无法辨认的问卷，最终得到有效问卷 398 份，从有效问卷中分析出被调查对象的基本特征如表 3-7 所示。

表 3-7　　　　　　　　　　被调查对象基本特征

变量		人数（个）	百分率（%）	变量		人数（个）	百分率（%）
性别	男	269	67.6	婚姻状况	已婚	293	73.6
	女	129	32.4		未婚	105	26.4
年龄	小（≤40 岁）	405	76.6	家庭月收入	低（≤6000）	202	50.7
	大（>40 岁）	93	23.4		高（>6000）	196	49.3
学历层次	低（高中或中专及以下）	349	87.7	家庭规模	小（<4 人）	54	13.6
	高（大专及以上）	49	12.3		大（≥4 人）	344	86.4

从被调查对象的性别构成来看，男性 269 名，占样本总数的 67.6%，女性 129 名，占样本总数的 32.4%，在被调查对象中，男性所占比例要高于女性；从被调查对象的年龄构成来看，大多是青年人，40 岁及以下的人居多，占了 76.6%，被调查的农户中 40 岁以上的比较少；从被调查对象的学历层次构成来看，学历为小学、初中、高中或中专的人占大多数，大专及以上的人很少，只有 49 个，仅占总数的 12.3%，说明这次调查农户的学历普遍不高；从婚姻状况来看，此次调查的对象大多是已婚人士，占总体的 73.6%，而未婚人士只有 105 个（占 26.4%）；从被调查对象的家庭月收入来看，所调查农户的家庭月收入低于 6000 元的超过了一半，占总体的 50.7%，收入水平较低；从被调查对象的家庭规模构成来看，家庭人口基本在 4 人及 4 人以上，占总数的 86.4%，只有少数农户（13.6%）的家庭人口数少于 4 人。

（二）结构变量的描述性统计分析

1. 被调查对象的低碳消费知识现状

在本书中，低碳知识这个潜变量编码为 0 和 1，0 表示答案错误，1 表示答案正确。表 3-8 为被调查对象对于低碳消费知识认知的现状。从数据分析的结果来看，较多数农户具备了一定的低碳消费知识，但是也有部分农户对低碳消费知识并不了解，或者只是模糊地知道。同时，在调查中也发现，由于被调查地区没有系统专门的低碳消费知识教育或培训，农户对于低碳消费知识的认识仅仅是通过电视、报纸或听说等方式随机了解，对于低碳消费内容的认知泛而不精。知识来源的不全面和不专业造成农户对于低碳消费知识的了解并不全面、有所缺失。

表 3 - 8 　　　　　　　　　　　被调查对象的低碳认知情况

题目选项	变量编码	频数	所占百分比（%）
C1	0	155	38.9
	1	243	61.1
C2	0	257	64.6
	1	141	35.4
C3	0	171	43.0
	1	227	57.0
C4	0	141	35.4
	1	257	64.6

2. 被调查对象的低碳情感现状

表 3 - 9 显示了农村居民对环境问题的情感反应。从表中我们可以发现，E1、E2、E3、E5 的均值都大于 4，接近 5，可见农户对于碳排放所引起的环境问题有一定的担忧，对于环境问题情感感知比较很强烈，可能是因为被调查对象近年来亲身体验到环境问题的严重，环境问题已经影响到了被调查对象的生活。但同时值得关注的是 E4 "我认为气候变暖的危害被高估，故我不会感到苦恼" 的均值达到 4.88，有 60.3% 的农户同意这一说法。这可能是由于被调查者所处的地理位置的影响，在南方，夏天高温是普遍现象，所以对于生活在南方的人来说，气候变暖的体会并不大，特别是近几年，极端寒冷天气频繁出现，更弱化了被调查对象对气候变暖问题的感知。

表 3 - 9   被调查对象的低碳情感现状

类别	E1	E2	E3	E4	E5
均值	4.40	4.81	4.46	4.88	4.54
标准差	1.62	1.70	1.55	1.63	1.53
方差	2.64	2.90	2.42	2.65	2.33

3. 被调查对象的环境价值观与责任感现状

表 3 - 10 是对被调查对象利己价值观、利他价值观、生态价值观以及环境责任感的调查结果，第一个测量语句"人类有权改造自然以满足自身的需要"反映的是调查对象的利己价值观，均值只有 3.96，小于 4。而反映调查对象的利他价值观、生态价值观和环境责任感的测量语句的均值都大于 4，其中生态价值观测量语句"尽管人类有能力改造自然，但依然要服从自然规律"的均值更是接近 5，有 61.5% 的居民同意该说法，可见，被调查对象有着较为正确的环境价值观念以及较强的环境责任感。

表 3 - 10   被调查对象的低碳环境价值观与责任感现状

类别	V1	V2	V3	V4
均值	3.96	4.38	4.79	4.03
标准差	1.98	1.82	1.89	1.86
方差	3.91	3.30	3.54	3.47

4. 被调查对象的宣传教育现状

表 3 - 11 反映的是低碳消费知识的宣传教育对农户的影响，从表中可以看出，四个测量题项的均值均大于 4，大多数农户都比较认同低碳消费知识的宣传教育能够提高他们对低碳消费的认识，有 63.6% 的农户表示好的宣传促销活动，会促使他们购买节能产品；53.8% 的农户基本同意"知道如何进行低碳消费，对我是否购买和使用很重要"的说法。这表明宣传教育对促进农户的低碳消费行为有一定的作用，应通过文件宣传、集中培训、媒体报道等方式在农村地区加强对低碳消费的宣传教育，提高农户的低碳消费意识，推动农户的低碳消费行为。

表 3 - 11   被调查对象的宣传教育现状

题项	低碳消费宣传教育得分（%）		
	1 ~ 3 分	4 分	5 ~ 7 分
P1	36.7	15.3	48.0
P2	31.4	17.8	50.8
P3	22.0	14.3	63.6
P4	23.9	21.4	53.8

5. 被调查对象的政策法规认知现状

本书主要研究的是经济政策对农户低碳消费行为的影响，主要通过四个测量项展开调查：如果开征低碳税，我会更注意低碳消费；如果购买低碳节能产品有税收优惠，我会选择购买；如有政府补贴，我更愿意购买低碳节能产品（如节能家电、太阳能等）；如果政府制定阶梯电价（超过一定的量，电价会更高），我会减少电器的使用时间。表 3 - 12 显示了政府经济政策对农户低碳消费行为影响的调查结果，从表中我们看到，四个测量问句得分均值都在 4.5 分以上，且四个测量项得分在 5 ~ 7 区间所占的比例都大于 50%，分别为 60.3%、57.3%、64.3%、62.8%，表明经济政策对农户低碳消费行为的影响很大，"如果政府补贴，我更愿意购买低碳节能产品（如节能家电、太阳能等）"这一测量问句的均值更是大于 5，说明政府对农户低碳消费的经济激励作用很明显，政府应多在经济上鼓励农户实施低碳消费行为。

表 3 - 12   被调查对象的政策法规认知现状

题项	政策法规认知得分（%）		
	1 ~ 3 分	4 分	5 ~ 7 分
R1	20.6	19.1	60.3
R2	20.6	22.1	57.3
R3	19.6	16.1	64.3
R4	22.8	14.3	62.8

6. 被调查对象的低碳消费态度现状

本书通过七个测量语句来调查农户的低碳消费态度，表3－13为农村居民低碳消费态度的调查结果，从表中我们发现，测量语句AC1"使用低碳节能产品有助于减少不可避免的环境污染"以及AC2"使用低碳节能产品可以有效地减少环境污染"的均值都达到5以上，同时，对于"使用低碳节能产品有助于减少不可避免的环境污染"这一说法，29.4%的农村居民表示是完全同意的。其他五个测量问句的均值也都大于4，接近5。这表明对于通过低碳消费行为可以有效改善环境的说法，大多数人还是比较同意的，农户对于低碳消费持有较为积极的态度。

表3－13　　　　　　　　被调查对象的低碳消费态度现状

类别	AC1	AC2	AC3	AC4	AC5	AC6	AC7
均值	5.08	5.0	4.64	4.71	4.74	4.75	4.79
标准差	1.65	1.49	1.58	1.55	1.59	1.47	1.43
方差	2.70	2.21	2.48	2.40	2.53	2.21	2.06

7. 被调查对象的低碳消费行为现状

对于调查样本的低碳消费现状，我们主要通过以下六个题项来测量：购买空调、冰箱、彩电等家电时，我总会首选节能型号；在装修房子时我会选用环保节能材料；从冰箱中存取食物时，我会尽量减少冰箱的开关门次数；我会注意用水，经常一水多用；离开房间时，我会随手关灯；在冬天天气寒冷时，我会首先考虑关闭窗户，然后再考虑使用取暖设备。调查中发现，低碳消费行为的六个测量项中，只有"我会注意用水，经常一水多用"这一测量题项的均值大于5，有66.3%的农户表示会注意用水，经常一水多用，这可能是中国"节约用水"传统美德的影响。而其他测量语句的均值都偏小，56.8%的农户反映在购买家电时会选择节能的家电；60.0%和62.1%的农户表明在装修房子时会选用环保节能材料和随手关灯；59.3%的农户反映在使用取暖设备之前会首先考虑关窗户。在问及开关冰箱门问题时，只有47.0%的农户表示会注意减少开关冰箱门的次数，如表3－14所示。在问卷调查过程中，我们了解到不少农户并不知晓冰箱开关门次数与用电量的关系，这可能是造成这一结果的一个很大原因。加强低碳消费宣传教育，提高农村居民低碳消费知识显得尤为重要。

表3-14   被调查对象是的低碳消费行为现状

题项	调查对象的低碳消费行为得分占比（%）		
	1~3分	4分	5~7分
LC1	25.7	17.6	56.8
LC2	21.4	18.6	60.0
LC3	33.1	19.8	47.0
LC4	17.2	16.6	66.3
LC5	21.0	16.8	62.1
LC6	17.6	23.1	59.3

（三）结构方程模型分析

对概念模型提出的假设主要采用结构方程模型方法（SEM）进行检验。SEM 综合了多元回归、路径分析和验证性因子分析方法，能够将一些无法直接观测而又欲研究探讨的问题作为潜变量，通过一些可以直接观测的变量，反映这些潜变量，从而建立潜变量之间的结构关系，是测量潜变量与观测变量、潜变量与潜变量之间的一种统计方法，目前广泛应用于消费者心理、教育、医学、经济、行为的研究中。

结构方程建模过程主要分为五个部分：第一个部分是模型的设定，在理论分析与文献综述的基础上，建立观测变量和潜变量、潜变量与潜变量之间的关系，建立初始模型。第二个部分是模型识别，SEM 要通过统计与方法上的识别，才能保证统计过程的顺利进行。第三个部分是模型估计，SEM 估计方法主要有最大似然估计法、未加权最小二乘估计法、广义最小二乘估计法和一般加权最小二乘估计法。在操作中，AMOS 17.0 默认的估计方式是最大似然估计法。第四个部分是模型评价，模型估计后，要对模型与数据之间的拟合程度进行评价，与替代模型的拟合指标进行比较。第五个部分是模型修正，模型评价之后，需要对其增加、减少或者修改参数。

1. 模型估计

结构方程模型在进行参数估计前需要进行模型识别，只有通过统计与方法上的识别，才能保证统计过程的顺利进行。本书主要采用 t 法则（t-rule）来进行整体模型识别。t 法则的数学表达式为 $1/2[(p+q)(p+q+1)]$，其中，$p+q$ 表示测量变量的总数，p 为外源测量变量的数目，q 为内生测量变量的数目。依据 t 法则，若 $t<1/2[(p+q)(p+q+1)]$，模型为过度识别；若 $t=1/2[(p+q)(p+q+1)]$，模型为充分识别；若 $t>1/2[(p+q)(p+q+1)]$，模型为识别不足，那么估计结果允许拒绝虚无假设。本书的 SEM 模型有 21 个外源观测变量、13 个内生观测变量，则 $1/2[(p+q)(p+q+1)]=595$。在结构方程模型中，观测变量在潜变量上的因子荷载数为 34 个，路径系数参数有 16 个，外源观测变量和内生观测变量的误差项为 41 个，所以模型的自由参数有 91 个。依据 t 法则，$t=91<595$，因此本书的 SEM 模型是可以被识别的。

2. 模型参数估计与评价

通过 AMOS 17.0 软件，针对本书的数据进行分析，对第三章提出的理论模型进行结构方程估计。结构方程模型参数估计后，需要对模型进行检验和评价，结构方程模型的检验和评价通常主要包括两个方面：参数检验与拟合程度检验。

（1）参数检验。从表 3－15 显示的数据可以看出，潜变量回归系数通过显著性检验，回归系数良好。

表 3－15　　　　　　　　潜变量回归系数估计

	标准差	回归系数	P 值
行为信念←低碳情感	0.083	0.104	0.091
行为信念←环境价值观与责任感	0.061	0.122	0.059
行为信念←政策法规	0.143	0.626	***
行为信念←低碳知识	0.344	− 0.142	0.090
行为信念←宣传教育	0.056	0.328	***
低碳消费行为←行为信念	0.086	0.903	***

表 3 - 16 中的数据显示，所有潜变量相关系数均在 1% 的水平上显著，通过显著性检验。同时，模型分析的数据中也显示，各项测量变量与潜变量之间以及潜变量之间路径系数都达到了显著性水平，均通过显著性检验，并且各项估计值较好。

表 3 - 16   潜变量相关系数估计

	标准差	相关系数	P 值
宣传教育←→政策法规	0.072	0.406	***
低碳知识←→低碳情感	0.016	0.216	0.002
低碳情感←→环境价值观与责任感	0.077	0.357	***
环境价值观与责任感←→宣传教育	0.092	0.238	***
低碳知识←→政策法规	0.019	0.439	***
低碳知识←→环境价值观与责任感	0.029	0.543	***
低碳知识←→宣传教育	0.025	0.375	***
低碳情感←→宣传教育	0.066	0.299	***
低碳情感←→政策法规	0.055	0.457	***
环境价值观与责任感←→政策法规	0.068	0.331	***

（2）拟合程度检验。评价 SEM 的拟合指标比较常用的有自由度比（χ^2）、规范拟合指数（NFI）、拟合优度指数（GFI）、比较拟合指数（CFI）、渐进残差均方和平方根（RMSEA）等。对本书整体模型适配度检验如表 3 - 17 所示，除了规范拟合指数 NFI 值（0.888）及 RFI 值（0.859）未达到标准，模型其他检验指标均达到评价标准，可以认为该模型的整体适配度较高，模型假设基本能够得到样本数据的支持，可信程度较高。

表 3 - 17   整体模型适配度检验摘要表

统计检验量	适配的标准或临界值	检验结果数据	模型适配判断
绝对适配度指数			
χ^2 值	p > 0.05 （未达到显著水平）	503.377 （p = 0.031 > 0.05）	是
RMSEA 值	< 0.08 （若 < 0.05 优良；< 0.08 良好）	0.018	是

续表

统计检验量	适配的标准或临界值	检验结果数据	模型适配判断
绝对适配度指数			
GFI 值	>0.90	0.934	是
AGFI 值	>0.90	0.912	是
增值适配度指数			
NFI 值	>0.90	0.888	否
RFI 值	>0.90	0.859	否
IFI 值	>0.90	0.968	是
TLI 值（NNFI 值）	>0.90	0.982	是
CFI 值	>0.90	0.985	是
简约适配度指数			
PGFI 值	>0.50	0.700	是
PNFI 值	>0.50	0.706	是
PCFI 值	>0.50	0.783	是
χ^2 自由度比	<2.000	1.129	是
AIC 值	理论模型值小于独立模型值，且同时小于饱和模型值	801.377 < 1190.000 801.377 < 4568.628	是
CAIC 值	理论模型值小于独立模型值，且同时小于饱和模型值	1544.358 < 4156.939 1544.358 < 4738.167	是

结构方程模型的各项拟合度指标基本都在可接受的范围内，说明本书所建立的理论模型通过了模型评价，模型与实际数据拟合良好，可信度高，可用于本书研究。具体模型如图 3 - 3 所示。

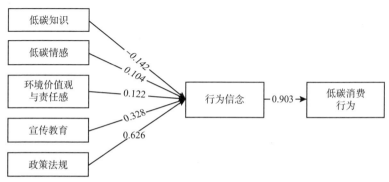

图 3 - 3 农村居民低碳消费行为影响因素模型

3. 结构方程模型结果分析

本书提出的 6 个假设中有 5 个得到证实，具体如表 3 - 18 所示。

表 3 - 18   研究假设检验结果

研究假设	研究结论
H_1：农村居民低碳知识正向影响其低碳消费态度	不成立
H_2：农村居民低碳情感正向影响其低碳消费态度	成立
H_3：农村居民低碳价值观与责任感正向影响其低碳消费态度	成立
H_4：宣传教育正向影响农村居民的低碳消费态度	成立
H_5：政策法规正向影响农村居民的低碳消费态度	成立
H_6：农村居民低碳消费态度正向影响低碳消费行为	成立

（1）低碳消费态度对低碳消费行为具有显著的正向影响。农村居民低碳消费态度对低碳消费行为的标准化路径系数为 0.903，可见，农村居民的低碳消费态度可以有效地预测农村居民的低碳消费行为，对低碳消费的态度越积极，实施低碳消费行为的可能性越大。

（2）低碳消费认知对低碳消费态度具有显著的负向影响。农村居民低碳消费认知对低碳消费态度的标准化路径系数是 -0.142，跟前面的假设相悖。多数研究证明低碳消费认知是正向影响低碳消费态度的，了解的低碳知识越多，越有可能产生积极的低碳消费态度。但是在本节的研究结论中低碳消费行为却是显著负向影响低碳消费态度，可能是因为对低碳知识了解越多的人，就越会去思考多方面的问题，反而对低碳产品市场缺乏信任，他们认为环境受多方面复杂因素的影响，对低碳消费行为能够有效改善环境并不持积极乐观的态度。就好比现在学术界存在一个奇怪现象，学术水平越高的研究者，对学术来源了解越多，反而对学术水平越是不信任，是一样的道理的。

（3）低碳情感对低碳消费态度具有显著的正向影响。农村居民低碳情感对低碳消费态度的标准化路径系数为 0.104。低碳消费态度属于以情感为基础的态度，农村居民的低碳消费态度容易受到其低碳情感认知如欣慰、恐慌、震惊、苦恼、愤怒等情绪的影响。洛韦（Lowe，2002）和特拉菲莫（Trafimow，2004）的研究结果表明，相比于认知，情感更能预期消费者的行为态度，农村居民的低碳情感越强，就越会形成积极的低碳消费态度。

（4）环境价值观与责任感正向影响低碳消费态度。农村居民环境价值观与责任感对低碳消费态度的标准化路径系数是 0.122。由此可见传统生态价值观与责任感对于农村居民低碳消费态度的重要性。相比于西方人征服自然的观念，中国人信奉佛家和道家文化，认为人与自然应该和谐统一，应实现"天人合一"。中国传统文化的特点影响着中国人的价值观，并以此作为具体行为的指南。已有的研究结果就表明，具有生态价值观和环境责任感的个体更愿意采取环保行为。特别是在古朴的农村，这种影响更为深刻。实证研究结果显示，环境价值观与责任感对农村居民低碳消费态度产生直接影响，通过低碳消费态度影响消费行为。

（5）宣传教育对低碳消费态度具有显著的正向影响。宣传教育对农村居民低碳消费态度的标准化路径系数是 0.328。即加强对农村居民低碳消费知识的宣传教育对农村居民形成积极的低碳消费态度有很大的作用，因为在农村地区加强对低碳消费的宣传教育，能够提高农户的低碳消费意识，让农户了解更多关于低碳消费对环境保护的作用以及一些日常的低碳消费方式，能够让农户产生更积极的低碳消费态度。

（6）政策法规对低碳消费态度具有显著的正向影响。政府经济政策对农户低碳消费态度的标准化路径系数为 0.626，在所有因素中对低碳消费态度的影响最强，可见经济上的鼓励能够更有效地促进农户形成积极的低碳消费态度。尤其由于农村地区经济并不是很发达，很多农村家庭生活水平并不是很高，低碳政策上的补贴或者罚款都会促使农户采取积极的低碳消费行为。

（四）基于人口统计特征的多群组分析

本书主要通过多群组分析来研究人口统计特征在低碳消费行为影响因素模型中的调节作用。多群组的 SEM 分析检验在于评估一个适配于某一样本群体的模型，是否也适配于其他不同样本的群体，即评估研究者所提出的理论模型在不同样本群体间的检验是否一致，或参数具有不变性。若多群组的 SEM 分析检验结果表明假设模型是合适的，则表明假设模型可以被接受。本书利用 AMOS 17.0 以人口统计特征变量为调节变量进行多群组分析，通过对预设模型、协方差相等模型、方差相等模型、路径系数相等模型和所有参数相等模型的输出结果的适配度比较分析，选择预设模型作为多群组分析的研究模型。在结果中，预设模型的 IFI、TFI、CFI 的值介于 0.914～0.956 之间，均高于 0.90 的标准值；RMSEA 值小于 0.08 的适配临界值。因此，可以说多群组分析模型与样本数据匹配良好。多群组分析的估计结果见表 3－19，分析结果表明：

对于 H_1，只有女性（E＝－0.233，p＜0.05）、学历程度高（E＝0.931，p＜0.05）在 0.05 水平上的路径系数显著，男性、学历程度不显著；低年龄（大、小）、婚姻状况（已婚、未婚）、月收入水平（高、低）、家庭规模（大、小）均不显著。女性中低碳消费认知越高的人，对低碳消费并没有持越积极的态度，可能由于女性比男性更为敏感，不信任程度更高，虽然对低碳知识比较了解，但是对于低碳消费行为能够有效改善环境的说法并不信任；而学历高的人，低碳认知程度对低碳消费态度有显著的正向影响，且低碳消费认知对低碳消费态度的路径系数达到 0.931，表明在学历程度较高的农户中，对低碳消费知识了解越多，对低碳消费的态度越积极。

表 3－19   多群组分析结果

假设路径	性别		年龄		婚姻状况	
	男	女	大	小	已婚	未婚
H_1	0.077	－0.233*	－0.078	0.221	－0.023	－0.066
H_2	0.179**	0.259**	0.242***	0.126	0.430***	0.189**
H_3	－0.830	0.030	－0.011	0.036	0.042	－0.137
H_4	0.249***	0.285***	0.249***	0.166	0.273***	0.335***
H_5	0.530***	0.558***	0.601***	0.530***	0.574***	0.395***

假设路径	学历程度		月收入水平		家庭规模	
	高	低	高	低	大	小
H_1	0.931*	0.026	0.050	－0.184	0.101	－0.661
H_2	0.108	0.212***	0.149	0.333***	0.255***	－0.758
H_3	0.275	0.035	－0.025	0.038	－0.018	－0.279
H_4	0.625**	0.245***	0.263***	0.302***	0.272***	0.853*
H_5	－0.013	0.569***	0.488***	0.656***	0.497***	0.695

注：* 表示 p＜0.1；** 表示 p＜0.05；*** 表示 p＜0.01。

对于 H_2，年龄大（$E = 0.242$，$p < 0.01$）、学历程度低（$E = 0.212$，$p < 0.01$）、月收入水平低（$E = 0.333$，$p < 0.01$）、家庭规模大（$E = 0.255$，$p < 0.01$）都在 0.01 水平上路径系数显著，且不同性别、不同婚姻状况的路径系数均显著。年龄越大，经历的事情越多，对环境的情感感知较强，越懂得保护环境、尊重自然的重要性，对低碳消费态度越积极，在日常生活中经常会采取一些低碳消费行为；学历程度低、月收入水平低、家庭规模较大的农村居民，相对来说，家庭生活水平较低，生活压力较大，由于生活压力与从小养成的节俭习惯（可能这种节俭的习惯农户自己都没有察觉到），对节约用水、用电等低碳消费行为更具积极的态度；同时，女性（$E = 0.259$，$p < 0.05$）比男性（$E = 0.179$，$p < 0.01$）、已婚人士（$E = -0.430$，$p < 0.01$）比未婚人士（$E = 0.189$，$p < 0.01$）的影响效应更大，可能由于女性相对男性节俭意识更强，已婚人士相对未婚人士生活压力更大，对低碳消费态度更积极。

对于 H_4，不同性别、不同婚姻状况、不同收入水平和不同家庭规模的路径系数都在 0.01 水平上显著，且女性（$E = 0.285$，$p < 0.01$）比男性（$E = 0.249$，$p < 0.01$）、未婚（$E = 0.335$，$p < 0.01$）比已婚（$E = 0.273$，$p < 0.01$）、收入水平低（$E = 0.302$，$p < 0.01$）比收入水平高（$E = 0.263$，$p < 0.01$）、家庭规模小（$E = 0.853$，$p < 0.01$）比家庭规模大（$E = 0.272$，$p < 0.01$）的影响效应更大；学历程度低（$E = 0.245$，$p < 0.01$）比学历程度高（$E = 0.625$，$p < 0.05$）的路径系数更显著；年龄大（$E = 0.249$，$p < 0.01$）在 0.01 的水平上显著，年龄小不显著，原因可能是学历程度低的农户平时对低碳消费知识接触较少，宣传教育对学历程度低的农户作用更明显，而在农村年龄较大的人平时工作比较少，相比年龄小的人有较多时间去关注政府或者媒体对低碳消费的宣传教育。

对于 H_5，不同性别、不同年龄、不同婚姻状况、不同月收入水平都在 0.01 水平上路径系数显著，且女性（$E = 0.558$，$p < 0.01$）比男性（$E = 0.530$，$p < 0.01$）、年龄大（$E = 0.601$，$p < 0.01$）比年龄小（$E = 0.530$，$p < 0.01$）、已婚（$E = 0.574$，$p < 0.01$）比未婚（$E = 0.395$，$p < 0.01$）、月收入水平低（$E = 0.656$，$p < 0.01$）比月收入水平高（$E = 0.488$，$p < 0.01$）的影响效应更大；学历程度低（$E = 0.569$，$p < 0.01$）和家庭规模大（$E = 0.497$，$p < 0.01$）的路径系数在 0.01 水平上显著，而学历程度高、家庭规模小不显

著。可能由于女性、年龄大的农户相比男性和年龄小的农户更注重节俭，而已婚农户、收入较低农户及学历程度低、家庭规模大的农户生活压力较大，对国家在低碳消费方面的经济政策都比较敏感，进而表现出更加积极的低碳消费态度。

第五节　本章小结

一、研究结论

本研究的目的在于通过实证来探究认知价值类因素、态度评估类因素及个体特征因素对农村居民低碳消费行为的作用机理。本书在分析和整理大量文献的基础上，借鉴计划行为理论及价值—信念—规范理论，沿着认知—评估—反应及价值—态度—行为的逻辑思路，构建了本章的理论研究模型。通过借鉴国内外已有的成熟量表以及专家讨论自行开发和设计某些变量题项的方式，笔者设计了本研究的调查问卷，通过下乡调研的途径收集了第一手的数据，通过使用 SPSS 19.0 和 AMOS 17.0 等统计软件对数据进行了分析，得到如下几个主要结论：

（1）低碳消费态度受多种因素影响。低碳情感、低碳价值观与责任感两个认知因素对低碳消费态度有显著的正向影响，宣传教育和政策法规两个情境因素对低碳消费态度也具有显著的正向影响，然而，低碳消费认知这一认知因素显著负向影响低碳消费态度。

（2）低碳消费态度对低碳消费行为具有非常显著的正向影响。低碳消费态度对低碳消费行为的路径系数达到了 0.903，对低碳消费行为有最直接的预测效力。这表明低碳消费态度对低碳消费行为的正向影响是非常显著的，农户的低碳消费态度越积极，越有可能进行低碳消费行为。

（3）农户个体特征在低碳消费行为因素模型中起着调节作用。农户性别、年龄、收入、婚姻状况等个体特征变量在低碳消费行为因素模型中起着调节作用，且各调节变量在不同假设路径中的影响存在差异。女性相比男性对低碳消费更为敏感；年龄大的农户低碳消费情感更强，更容易产生积极的低碳消费态度；低碳消费宣传教育对于低学历、年龄大的农户作用更明显；

家庭规模大、已婚的农户受国家低碳消费经济政策的影响更大。

二、管理启示

根据以上得到的研究结论，从政府与企业两个角度出发，提出以下几点建议，以推动农村居民低碳消费行为的实施。

(一) 从政府角度来看

1. 完善落实相关环境保护法律法规的实施

与以往大多研究不同，本书发现，低碳消费认知是负向影响低碳消费态度的，对低碳消费知识了解越多，对低碳消费能够改善环境的说法越是抱有消极的态度，这也间接表明消费者对低碳产品市场是缺乏信任的，这可能是源于政府对低碳产品市场监管不严格、低碳产品认证标准不严格，执行力度不足。对于这种现象，政府首先应该进一步完善《环境保护法》，建立健全相关法律法规。政府所有的环境行为都应该有理论和科学依据，而不是为了完成指标和任务，进行"伪环保"，对于环保建设的支持应该公开透明，让大家直观地看到政府为保护环境做出的努力和环境的改善，减少人们的怀疑；其次，政府还应该做好各项监督和管理工作，奖励守法的企业，严惩假冒产品，鼓励和帮助低碳企业发展，但同时不能让一些企业滥用"低碳"这一名称欺骗消费者。

2. 加强低碳环保宣传教育力度

在研究结论中，我们发现对低碳消费的宣传教育显著正向影响低碳消费态度，加大对低碳环保的宣传教育力度能够提高农户低碳消费认知，形成正确的低碳消费知识，学会更多的低碳消费方式，促使农户产生积极的低碳消费态度，进而实施低碳消费行为。同时宣传教育与低碳情感以及宣传教育与低碳价值观与责任感之间的回归系数均在1%的水平上显著，加强低碳消费的宣传教育能够提高农户的低碳情感，对低碳环保更加关注，形成正确的环境价值观和强烈的责任感。针对加强低碳环保宣传教育力度这一问题，政府应发挥主观能动性，定时、定点邀请专业人员在农村地区开展宣传、讲解低碳知识的活动，并在农村主干道的醒目位置张贴低碳消费的标识。同时，政府应有针对性地采取差别化措施。对于年龄较大、常年在家的农户，应多组织一些低碳消费知识讲座，对农户进行面对面的宣传教育；对于经常在外工作的年轻人，应积极发挥企业的作用，要求企业定期对员工进行低碳消费培训，同时通过图片、视频等影像资料加深年轻人的情感体验，增强低碳消费情感，提高低碳消费意识。

3. 树立农村居民正确的环境价值观，提高农村居民低碳责任意识

通过实证分析研究，我们发现农村居民环境价值观与责任感对其低碳消费态度具有显著正向影响。因此，帮助农户树立正确的低碳价值观，提高农户低碳责任意识，对于促进农户实施低碳消费行为有很大的作用。部分农户认为，自身有权利改造自然以满足自身的需要，也有农户表示环境保护是国家的重要责任，自己对环境的贡献不是自己应尽的义务，这种环境价值观与责任意识非常不利于环境的保护。应通过农村居民委员会组织相关讲座与培训，改变部分农户对大自然错误的看法，帮助农户树立正确的价值观。应从两个方面转变农村居民的低碳责任意识：一是低碳责任的"无意识观"到低碳责任的"贡献观"；二是低碳责任的"贡献观"到低碳责任的"义务观"。居民正确价值观的树立及低碳责任意识的提高，是一个漫长的过程，需要有关部门制定相应的政策措施，帮助农户树立正确的低碳价值观，促使居民形成低碳责任的"贡献观"，提高农户低碳责任意识，从而产生强烈的心理压力，最终形成低碳责任的"义务观"，从而更积极地去实施低碳消费行为。

4. 充分发挥经济政策对农村居民低碳消费的激励与约束功能

政策法规对低碳消费态度具有显著的正向影响。政策法规中的经济政策主要包括财政补贴、贷款优惠、减免税收、提高价格、征收相关税等，其中补贴、减免税收和贷款优惠属于正向激励政策，提高价格和征收相关税属于反向激励政策。有研究表明，税收优惠和补贴政策与居民的节能行为存在显著的正相关关系，提高价格和征收相关税对居民能源需求具有明显的抑制作用。政府可以通过对购买低碳产品进行补贴、低碳消费税收优惠、开征低碳税等措施建立低碳消费反馈激励机制，鼓励消费者实施低碳消费行为。

（二）从企业角度来看

企业是推动低碳消费、发展低碳经济、建设低碳社会的过程中必不可少的角色之一，促进消费者低碳消费行为，企业应做到以下几点：

1. 积极树立"低碳"企业形象

企业管理者在制定企业战略、树立企业文化时，应把低碳理念融入其中，将低碳意识融入企业所有活动的全过程。对外，企业可以通过积极参加社会公益活动、主动进行"3·28"全球停电一小时等低碳节能活动自我宣传，让自己在消费者心目中树立起低碳企业的形象；对内，企业应通过组织讲座、培训等加强对内部员工的低碳消费知识宣传教育，提高员工低碳消费知识，促进员工低碳消费行为的实施。在调查中发现，由于农村大多年轻农户外出打工，在农村举办的低碳消费知识的宣传教育活动他们基本没有时间参与，这时企业内部的低碳教育就可以发挥积极的作用。

2. 对低碳产品进行合理定价

产品价格是企业营销策略中最重要的考虑因素之一，同样也是消费者最为在意的因素。在制定低碳产品的价格时，企业要努力做到以下三点：一是要努力争取政府对自己在生产过程中所使用到的低碳技术进行补贴；二是努力争取政府对消费者所消费的本企业的低碳产品进行补贴；三是主动降低低碳产品的价格，通过"薄利多销"的策略来吸引消费者，以进一步扩大自己的消费群体。这种合理的定价策略能够有效防止低碳产品价格过高的情况出现，从而扩大低碳消费市场。

3. 注重低碳产品形象的维护

在调查中发现，部分农户对低碳产品并不信任，出现低碳知识越丰富，对低碳消费的态度越不积极的现象。所以企业要注重低碳产品形象的维护，应做到以下几点：一是在选择低碳产品的销售渠道时，应挑选对消费者有良好信誉的经销商，同时要注意该经销商所销售的低碳产品与非低碳产品的互补性和排斥性；二是设立低碳产品专营机构或者专柜，并可以用一些标志低碳的装饰以便消费者识别与购买；三是简化低碳产品供应配送系统和环节，合理设置低碳产品供应配送中心并建立覆盖全面的低碳产品销售网络。

三、研究的局限与展望

本章虽然对农村居民低碳消费行为的影响因素进行了研究，并且一些基本的假设也得到了验证，但由于研究条件受限，仍存在以下几点不足，可以在以后的研究中进一步的探讨。

（一）变量的局限性

影响居民低碳消费行为的因素是很多的，本章根据模型需要和因素对低碳消费行为影响的重要性，选取了低碳消费知识、低碳情感、低碳价值观与责任感、宣传教育、政策法规和低碳消费态度等变量研究了其对低碳消费行为的影响。然而在现实生活中，影响消费者购买行为的因素是多种多样的，这也是本章的研究局限之一。在以后的研究中，可以考虑从其他角度分析低碳消费行为的影响因素。

（二）样本的局限性

基于时间和成本的考虑，仅通过问卷对江西省鄱阳湖生态经济区农村居民进行了调查，无法涵盖所有地区的消费者，这会导致样本范围选择上存在局限性，研究对象不具有典型性和代表性。同时调查问卷为 398 份，样本数量偏少。受限于研究对象和样本数量，研究结果可能会产生偏差。在以后的研究中，可以扩大研究的群体范围，加大问卷的回收量，尽量覆盖各个年龄段、各个阶层的群体。

第四章

农村居民低碳消费意识与行为一致性研究

第一节 引 言

我国在取得巨大经济成就的同时，也伴随着生态环境的严重恶化，如沙尘暴、雾霾、水污染、土壤沙化等。根据 2016 年发布的全球环境绩效指数（EPI），我国在 180 个国家中排名第 179 位，其中居民在生产生活中使用如煤、薪柴、秸秆等传统燃料是导致这一结果的重要原因之一。生态环境的恶化引起了政府的高度重视，党的十八大报告首次把生态文明建设上升到国家战略高度。事实上，居民（家庭）的日常消费对生态环境有着非常重要的影响，据 2015 年全球碳项目（GCP）的数据显示，我国人均碳排放量为 2.0 吨/（人·年），仅家用能源的碳排放量就占全社会总排放量的 21%。明克斯等（Minx et al.，2013）的研究也发现，57% 的环境污染来自居民日常生活中的消费行为。可见，从日常生活消费切入，探讨居民的消费行为，对于提升环境质量具有重要的现实意义。

在本书中，低碳消费是指一种绿色化或生态化的消费模式，是一种既能满足人的消费需求，又不对生态环境造成危害的消费行为（贺爱忠和戴志利，2009）。从内涵上来看，低碳消费属于一种人与自然和谐发展的消费模式，其行为范畴应该包括绿色消费行为、亲环境消费行为、低碳消费行为等。从外延上来看，消费者的低碳消费行为不仅是购买行为（如绿色购买、节能投资等），还包括其处置和管理行为（如随手关灯、垃圾处理等）。本书中的低碳消费行为主要针对个人消费领域的低碳购买行为，而不涉及公共领域的低碳消费行为，以及个人消费领域的低碳管理或处置行为。

近年来，低碳消费引起了国内外学者的高度重视，尤其是在从个人及社会层面分析有哪些因素影响消费者的低碳消费行为方面（Tang and Luo，2011），取得了丰硕的成果。但还有两个问题值得深入探讨：一是有调查发现，尽管有超过80%的消费者愿意购买低碳环保产品，但实际产生购买行为的只有32%。有学者的研究也表明，低碳消费意识到行为之间的转化并不是十分有效，标准化路径系数仅为0.34，也就是说只有34%的有低碳消费意识的消费者产生了实际的消费行为，远低于非低碳消费意识与行为之间的转化率（Bamberg and Möser，2007）。为什么会出现这种现象？有哪些因素阻碍了低碳消费意识转化为实际的消费行为？二是目前有关低碳消费的研究多集中于城市居民，而以农村居民作为研究对象则较为少见，由于我国农村人口占总人口的43.9%（6.03亿），农村的社会零售总额达4.2万亿元，增幅高于城镇（中国统计年鉴，2016），故探讨农村居民的低碳消费，可以为建设生态文明新农村提供借鉴和参考。基于上述两个问题，本书首先收集访谈数据，利用扎根理论构建出农村居民低碳消费意识与行为缺口理论模型，然后通过问卷调查对所构建的理论模型进行实证分析，以期探明有哪些因素促进（或是阻碍）了农村居民低碳消费意识到行为的转化，最终为政府及企业采取有效措施提升二者之间的转化率提供理论基础及政策启示。

第二节　文献回顾

国内外众多文献从不同视角对绿色购买行为、亲环境消费行为、生态消费行为等进行了理论和实证研究，这些研究变量在内涵和外延上与低碳消费行为具有一定的相似性，其结论可以为低碳消费行为研究提供参考。从目前的研究来看，有两个问题是目前学界关注的焦点：第一个问题是，消费意识由哪些因素构成？这些因素之间存在何种关系？第二个问题是，消费意识如何影响消费行为？

对于第一个问题，学者们从社会心理学视角提出，环境知识（Bohlen et al.，1993；Maloney et al.，1975；王建明和王俊豪，2011）、环境态度

（Hines et al.，1987；Jagodič et al.，2016；Laroche et al.，2001）、环境情感（Lacasse，2016；Martin and Simintiras，1995；Stern et al.，1999）、环境价值观（Larson et al.，2015；Nordlund and Garvill，2002；Straughan and Roberts，1999）等因素是环境消费意识的重要组成部分。马洛尼等（Maloney et al.，1975）认为人们只有了解环境知识才能产生环境意识。在此基础上，波伦等（Bohlen et al.，1993）通过研究发现，环境知识要区分为一般性的环境问题知识和特定的环境问题知识，这两类知识属于不同的知识范畴。海因斯等（Hines et al.，1987）在研究环境责任行为时指出，环境态度是环境意识的重要组成部分，并把环境态度分为一般态度（对生态环境本身的态度）与具体态度（对特定环境行为的态度），两类态度具有一定的相关性，但对具体的环境意识而言，具体的环境态度更具影响力。拉罗切等（Laroche et al.，2001）则对环境态度进行了更为细化的探讨，他们把环境态度区分为四个维度，即环境问题严重性、环境保护重要性、实施环境行为便利性及责任水平，在环境态度中，环境保护重要性和实施环境行为便利性属于主维度，而其他两个维度则属于次维度。马丁和西明蒂拉斯（Martin and Simintiras，1995）通过实证分析得出结论，在环境意识中，环境情感与环境知识是两个相互独立的变量，卡鲁斯等（Carrus et al.，2008）则认为，尽管环境情感和环境知识都是环境意识的重要组成部分，但环境情感比环境知识更为重要，因为有些缺乏环境知识的消费者也会表现出积极的环境情感。王建明（2015）也认为环境情感更能有效促进公众消费碳减排行为。斯特恩等（Stern et al.，1999）在公众环保行为的研究中，结合心理学上的价值理论，提出个体环境价值观分为生态价值观、利他价值观和利己价值观，依据这个范式，斯特劳恩和罗伯茨（Straughan and Roberts，1999）指出，利他价值观是预测低碳消费意识的一个重要的显著变量，诺德伦德和加维尔（Nordlund and Garvill，2002）的研究则表明，生态价值观与环境行为正相关，而利己价值观与之负相关。

对于第二个问题，大多数研究都表明积极的环境消费意识会对个体的低碳消费行为产生显著的促进作用。如马洛尼和沃德（Maloney and Ward，1975）提出，人们对生态知识的了解及对环境的情感会深刻影响其低碳消费行为，沿着这个思路，弗兰森和加灵（Fransson and Gärling，1999）通过实证研究发现，无论是自我汇报数据还是客观测量数据都表明，生态认知会正向影响消费行为，因此，低碳认知是低碳消费行为的驱动因素。而佩德森和尼加德（Pedersen and Neergaard，2006）却认为，环境信息的提供并不必然导致消费行为的改变，甚至有些欠缺环境知识的消费者也会表现出积极的消费行为，二者之间会受到消费者个体经济因素及社会规范的影响（Carrus et al.，2008）。阿布拉哈姆斯和斯泰格（Abrahamse and Steg，2009）也认为，尽管低碳消费行为需要更多的内在动机的努力来实现，但也会受到家庭收入、规模、经济成本等外在条件的限制。在对中国消费者的研究中，张艳（2011）发现，居民的能源消费意识对能源消费行为具有重要的影响，但其影响程度受到其他因素（经济、家庭、相关群体等）的干扰。对于环境价值观，尤里恩和基尔伯恩（Urien and Kilbourne，2011）认为，价值观不是直接影响居民的低碳消费行为，而是通过影响个人规范对居民低碳消费行为产生间接影响，且外部条件（低碳产品可获得性、便利性等）在二者之间起调节作用。也有学者认为，在研究低碳消费时，不能忽视文化因素的影响，如陈（Chan，2001）在研究中国消费者的绿色购买行为时发现，尽管与西方人相比，中国消费的环境知识较为欠缺，但儒家文化会促进知识到行为的转化，这个研究结论在王等（Wang et al.，2016）研究中国农村消费者的亲环境消费行为时得到进一步验证。而贺爱忠和邓天翔（2014）在研究典型非绿色消费行为的形成机理时，从另一个侧面证实了消费者偏好、参照群体及面子观念（文化）会对绿色消费产生阻碍作用。

从以上文献分析可以看出：（1）对于环境消费意识的构成，大多数学者取得了较为一致的结论，即认为环境消费意识由环境知识、环境态度、环境情感、环境价值观等因素组成，但对具体因素的构成却存在不一致的观点，马洛尼等（Maloney et al.，1975）在研究中未把环境知识加以区分，而波伦等（Bohlen et al.，1993）则认为，要把环境知识区分为一般知识和特定知识，这两类知识分属不同的知识范畴。这种不一致的观点在环境态度及环境价值观的研究中同样存在。（2）在环境消费意识到环境消费行为的转化研究中，不同学者的研究结论也不完全一致，如马洛尼等（Maloney et al.，1975）、弗兰森和加灵（Fransson and Gärling，1999）认为，低碳知识会正向影响消费行为，但佩德森和尼加德（Pedersen and Neergaard，2006）却认为低碳知识并不必然导致消费行为的产生，阿尔科特（Allcot，2011）的研究甚至表明环境知识对亲环境行为无显著影响，德·格鲁特和斯泰格（De

Groot and Steg，2010）综合不同的观点，指出这可能是由于低碳消费行为本身的特殊性决定的，如个体节能行为效果不显著，对环境危害难以察觉，多数情况下环境问题是"眼不见为虚"。这些研究结论不一致的事实表明，低碳消费意识到行为转化的影响因素还需要进一步探索。（3）目前有关低碳消费的研究多集中于一般居民或城市居民，而以农村居民作为研究对象则较为少见，鉴于王等（Wang et al.，2016）在研究中国农村居民的亲环境消费行为中已经发现，与城市居民相比，农村居民更容易受到传统文化及社会规范的影响，我们需要对农村居民的低碳消费意识及消费行为进行深入探讨。

第三节　模型构建

一、访谈设计及数据获取

由于本书旨在探明农村居民低碳消费意识与消费行为之间转化的促进（或阻碍）因素，且目前国内外还没有较为系统的理论模型，因此我们首先利用扎根理论这种质化研究方法构建理论模型，然后采用实证研究对理论模型进行验证。

本书通过预先设计的访谈提纲对典型消费者进行深度访谈以获得质性数据。由于低碳消费在我国尤其是对农村居民而言还比较陌生，普通农村居民可能对访谈中涉及的问题难以全面理解，故我们选择行政村的村长、支书和会计进行访谈。访谈样本数的确定依照理论饱和的原则，即新抽取样本不再提供新的重要信息时终止。最终共选择21个访谈样本，分别来自江西省新建县（2015年改名为新建区）4个行政村，每个行政村3个样本，共12个，江西省鄱阳县3个行政村，每个行政村3个样本，共9个。

为了更好地凝练访谈提纲，我们邀请了5名相关专业的教师对初始的12个访谈问题进行小组讨论，参考我们的研究目标，通过对访谈问题的删减、归并，形成了4个主要访谈问题。由于此次访谈涉及受调查者自身的消费心理和行为，我们采取映射法设计访谈提纲，即以第三者的方式让受访者描述对其他消费者有关低碳消费心理和行为的看法，这样可以有效避免受访者不诚实的回答。4 个主要访谈问题为：（1）您觉得村里人对于低碳的观念发生了哪些改变？对于低碳的态度如何？在消费方面有哪些体现？（2）您觉得为什么村里人在进行消费的时候没有关注低碳？主要的障碍是什么？（3）您觉得为什么有些村里人想买一些绿色、低碳等产品，却没有买？（4）您觉得政府（或企业）用什么样的方式可以让村里人购买一些绿色、低碳等产品？

正式访谈时，我们采取深度访谈和焦点组访谈相结合的方式进行。深度访谈共进行了 21 人次，每次访谈时间约为 1 小时，焦点组访谈共进行了 7 组，每个访谈组均由该行政村的村长、村支书及村会计 3 人组成，访谈时间约为 2 小时。从性别分布来看，访谈样本中男性占 85.7%，女性占 14.3%；从年龄看，最小的受访者为 31 岁，最大的为 63 岁，其中 30～40 岁的占 38.1%，41～50 岁的占 38.1%，51～60 岁的占 14.3%，61 岁以上的占 9.5%；从教育程度看，小学及以下的占 23.8%，初中的占 47.6%，高中及以上的占 28.6%。访谈结束后每个受访者给予价值 100 元的电话卡作为报酬。我们征得受访者同意后对整个访谈过程进行了全程录音，整理录音资料形成访谈记录和备忘录，最终获得共约 18 万字的访谈记录。我们随机选择了 14 份深度访谈记录和 5 份焦点组访谈记录进行编码分析和模型构建，另外 7 份深度访谈和 2 份焦点组访谈记录用于理论饱和度检验。

二、范畴提炼及模型构建

（一）开放编码

开放编码是对原始访谈资料进行分解、检验、比较、概念化和范畴化的过程，以便从原始资料中发现初始概念和挖掘概念范畴。按照开放编码的要求，我们对 14 个深度访谈样本及 5 个焦点组访谈样本进行编码，具体编码原则为：样本类型—样本序号—样本语句，如编码为 A-1-1 表示深度访谈第一个样本的第一句话，B-1-1 表示焦点组访谈第一组样本的第一句话。对于初始概念的发掘我们遵循以下原则：第一，稳定性，即一个初始概念出现的频次在 3 次以上；第二，可重复性，即有 2 个以上的样本涉及同一初始概念；第三，无互斥性，即发掘的初始概念不能相互矛盾。通过开放编码在原始资料与概念、范畴间不断循环往复的考察，最终得到 62 个概念和

12 个范畴，对于每个范畴我们仅选择 3 条原始语句及相对应的初始概念进行说明，具体描述见表 4-1。

表 4-1　　　　　　　　　　　　开放编码分析结果

编号	范畴	初始概念
1	低碳认知	A-1-5 我们村里大部分人都不知道买的哪些产品是环保的。（低碳消费知识） A-3-12 我们也想啊（保护生态），但不知道怎么办！（低碳知识缺乏） B-1-7 我们村里越来越多的人也知道（保护生态），绿水青山多好啊！（低碳重要性认知）
2	低碳情感	A-12-18 我们农村人对环境是很依赖的，土里刨食嘛。（环境依赖） B-5-36 我们农村的生态环境比以前差多了，以后还不晓得怎么样。（环境忧虑） A-3-8 我们村是新农村建设示范村，现在环境变好了，大家都很开心。（环境优越感）
3	低碳观念	A-2-6 我们农村人还没有那种（低碳）理念，什么节能啊，环保啊。（低碳理念） A-4-49 其实农村人比城里人更关心生态，靠山吃山，靠水吃水。（传统低碳观念） B-2-17 我们村里人还没有这种消费理念，买 LED 灯、节能家电什么的。（低碳消费观念）
4	生活方式	A-4-29 我们习惯了烧柴火，不习惯用液化气，费钱。（生活习惯） A-8-12 现在越来越多的农村人用空调、热水器、洗衣机等等。（生活方式改变） B-3-6 我们的生活方式是很环保的，不用洗衣机、不用空调。（传统生活方式）
5	经济效用	A-10-32 我们也知道烧柴火不好，污染环境，但烧柴不花钱。（省钱） A-14-9 去年我家装修用的就是 LED，虽然贵一些，但用电量小，长期来看还是划算的。（利益衡量） B-2-11 我们村有很多人家买了液化气，但有些人家不太用，因为要花钱买气。（成本高）
6	便利程度	A-12-21 购买一些绿色产品比较麻烦，比如 LED 灯要到县里去。（麻烦） A-3-54 有了液化气以后还是比较方便的，一打就着。（方便） B-2-13 现在我们村几乎家家都装了太阳能热水器，但不太好用。（使用障碍）
7	社会文化	A-2-19 我们村还没有形成这种（低碳）消费风气。（社会风气） A-5-23 现在农村的攀比比较严重，有车就大家都买，有空调大家都要有。（文化氛围） B-4-51 农村人比较勤俭节约，能不消费就不消费，能不买就不买。（传统文化）

续表

编号	范畴	初始概念
8	群体压力	A-1-32 我们农村人特别在意别人的看法，你老开车，人家会说你显摆。(社会评价) A-3-49 农村的唾沫是能淹死人的，要和大家基本保持一致，人家不买空调不买车，我们也要考虑啊。(群体顺从) B-1-16 现在很多时候农村人比城里人还浪费，房子越做越大，空调、冰箱也越卖越大。(社会比较)
9	意见领袖	A-10-11 比如说太阳能，当村里有第一家买了，大家会来问，用的怎么样啊，有什么问题啊，接着就有越来越多的人买了。(意见搜寻) A-13-21 有的时候大家在聊天，有个村民我买的那个东西挺好，有村民也就跟着买了。(意见指导) B-4-17 我们村干部还是有些号召力的，比如我们村装了这么多的太阳能，我们都要现身说法呢。(干部意见)
10	政府政策	A-3-48 现在政策好了，前些年家电下乡，我们村买了很多节能家电呢。(政策影响) A-9-14 现在村民买太阳能热水器，镇里会补贴水泥、沙子之类的。(政府补贴) B-1-52 我们村的"小电驴"越来越多，价格便宜，又方便，政府支持啊。(政府支持)
11	宣传教育	A-6-12 现在电视里经常说要环保，要注意低碳。(大众宣传) A-12-34 现在政府越来越重视，去年我们村里还发过这个方面(环保)的小册子。(政府教育) B-3-27 在买家电或是灯具的时候，商家也会告诉我这个东西好，既环保又节能。(商家宣传)
12	基础设施	A-4-56 我觉得有些配套很重要，比如装太阳能，没有自来水，光用水泵也挺麻烦的。(配套设施) A-7-29 现在村村通公路，路好了，我们很多村民都买"小电驴"，不买(燃油)摩托车了。(基础设施) B-1-35 现在农村灌个气很方便的，有时还送上门。(配套环节)

(二) 主轴编码

主轴编码的任务是通过聚类分析，以便发现各个范畴在概念层次上是否存在潜在的逻辑关系。通过分析我们发现，开放编码中所得到的12个范畴在其概念层次上确实表现出内在的联结关系。根据范畴间的相互关系及内在逻辑，我们从已形成的范畴中挖掘出四大主范畴，各主范畴的内涵及所对应的开放编码范畴如表4-2所示。根据认知行为理论，四个主范畴之间的关系概括如下。

表 4 - 2　　　　　　　　　　　主轴编码分析结果

主范畴	开放编码范畴	范畴内涵
低碳消费意识	低碳认知	农村居民的低碳知识以及对低碳问题的认知
	低碳情感	农村居民对生态环境或生态问题的感受（情感）
	低碳观念	农村居民对生态环境的内在价值观或价值理念
实施成本	生活方式	农村居民的生活习惯或生活方式
	经济效用	农村居民基于自身经济利益的考量
	便利程度	农村居民实施低碳消费的便利程度
参照规范	社会文化	农村的社会风气、传统文化及文化氛围
	群体压力	家庭成员、亲友、邻居等对农村居民消费的影响
	意见领袖	农村干部、能人、族长等对农村居民消费的影响
情境要素	政府政策	政府补贴、价格杠杆、行政指令等相关政策
	宣传教育	大众传媒、政府教育、商家宣传等
	基础设施	交通等基础设施及气站、自来水等配套设施

1. 意识—行为的形成

农村居民的低碳消费意识由低碳认知、低碳情感及低碳观念组成，这三个因子对低碳消费行为的发生会产生促进作用，但其作用的大小可能会存在差异。一方面，当个体的意识强度较弱，如缺乏相应的低碳知识（A - 1 - 5 我们村里大部分人都不知道买的哪些产品是环保的）、没有形成积极的低碳观念〔A - 2 - 6 我们农村人还没有那种（低碳）理念，什么节能啊，环保啊〕等，会导致较低的低碳消费倾向。另一方面，仅强化个体低碳意识中的某一个因子，也可能会弱化低碳意识对行为的积极影响，如缺乏情感成分的低碳认知并不能显著提升农村居民的低碳消费行为（A - 7 - 9 我们都知道烧柴不好，但很多人无所谓！）。正如佩德森和尼加德（Pedersen and Neergaard，2006）所指出的，环境知识并不必然导致消费行为的改变，甚至有些具有环境知识的消费者也会表现出消极的消费行为，而缺乏认知成分的低碳情感也不必然会强化正向的消费行为〔A - 3 - 12 我们也想啊（保护生态），但不知道怎么办！〕，就像拉卡斯（Lacasse，2016）在实证研究中所发现的，不具备基本环境知识的情感会严重降低情感对行为的正向影响。

2. 意识—行为缺口的产生

尽管积极的低碳消费意识会转化为积极的低碳消费行为，但二者之间的转化会受到众多因素的影响，导致缺口的产生。首先，实施成本（由生活方式、经济效用、便利程度等因子组成）的考量是影响农村居民低碳消费行为形成的价值评估因素，当他们认为生活方式的惯性难以改变（A－4－29我们习惯了烧柴火……），对低碳产品的效用评估较低（B－2－11我们村有很多人家买了液化气，但有些人家不太用，因为要花钱买气。），或是执行低碳消费行为的成本过大（A－12－21购买一些绿色产品比较麻烦，比如LED灯要到县里去。），可能都会阻碍其行为的发生。其次，参照规范（由社会文化、群体压力、意见领袖等因子组成）是影响农村居民低碳消费行为形成的社会规范因素，如果他们更容易受到高生态文化的影响（B－4－51农村人比较勤俭节约，能不消费就不消费，能不买就不买。），感受到内部群体的压力（A－1－32我们农村人特别在意被人的看法，你老开车，人家会说你显摆。），或是遵循意见领袖的建议（B－4－17我们村干部还是有些号召力的，比如我们村装了这么多的太阳能，我们都要现身说法呢。），可能会促进其行为的发生。最后，情境要素（政府政策、宣传教育、基础设施等因子）是影响农村居民低碳消费行为的外部情境因素，如果外部具有积极的低碳消费政策（A－9－14现在村民买太阳能热水器，镇里会补贴水泥、沙子之类的。），居民接受到更多的低碳知识［A－12－34现在政府越来越重视，去年我们村里还发过这个方面（环保）的小册子。］，或是基础设施能够提供更多的便利［A－7－29现在村村通公路，路好了，我们很多村民都买"小电驴"，不买（燃油）摩托车了。］，可能会提升意识到行为的转化率。

（三）选择编码

选择编码是从主范畴之间的内在逻辑关系发掘出核心范畴，把它系统地与其他范畴予以联结，并以故事线的方式描绘整体现象或事件。通过对各范畴及主范畴的深入考察，并结合原始资料进行反复比较，我们发现可以用"农村居民低碳消费意识与行为缺口"这一核心范畴来分析其他所有范畴，并能很好地解释所提出的问题。以此核心范畴为基础，构建出"农村居民低碳消费意识与行为缺口理论模型"，如图4－1所示。围绕该核心范畴的故事线可以概括为：一方面，农村居民的低碳消费意识（低碳认知、低碳情感及低碳观念）是其低碳消费行为发生与否的内在驱动力，当他们具有较高的低碳认知、正向的低碳情感或是积极的低碳观念时，会促进其低碳消费行为的发生，但低碳消费意识三个因子对消费行为的促进作用存在差异，且三个因子间的交互影响可能会比单个因子的促进作用更为显著，当然三个因子的促进作用到底存在何种差异、差异有多大，以及哪些因子间的交互作用会更显著，需要我们通过实证分析进一步验证。另一方面，低碳消费意识内驱力的大小则会到实施成本、参照规范和情境要素的调节，导致农村居民低碳消费意识与行为缺口的发生，但到底是哪些因素起阻碍作用，哪些因素起促进作用，且这种阻碍或促进作用有多大，它们到底在意识—行为之间的哪条转化路径中起作用，都需要在实证分析中具体验证。

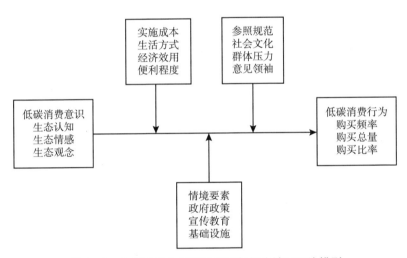

图4-1 农村居民生态消费意识与行为缺口理论模型

三、理论饱和度检验

本书利用另外 7 份深度访谈和 2 份焦点组访谈记录进行理论饱和度检验。通过编码和分析，结果显示没有析出新的概念及范畴，相关访谈内容仍然在已得到的核心范畴内。对于理论模型中的 4 个主范畴（低碳消费意识、实施成本、参照规范和情境要素），均没有发现新的重要范畴及范畴中的关系，4 个主范畴内部也没有形成新的概念。因此，可以认为"农村居民低碳消费意识与行为缺口理论模型"是饱和的。

第四节 实证检验

一、数据收集

为了验证质性分析所构建出的理论模型，我们根据模型中所涉及的变量设计了问卷，并在江西省生态文明先行示范区内进行了实地调查。整个调查过程采取三阶段抽样，首先在示范区 30 个县（市、区）随机抽取 10 个县级单位，分别为新建县（2015 年改名为新建区）、进贤县、彭泽县、余江县、鄱阳县、万年县、湾里区、乐平市、武宁县和丰城市，其次在每个县级单位随机选取 5 个行政村级单位，然后再在每个样本村随机抽取 20 个样本户，调查人员对每个样本户采取一对一的入户调查。为了激励受访者认真填答问卷，我们给予每个受访者价值 10 元的电话卡作为报酬。共回收 1000 份问卷，去除明显误答或关键问题未填答完整的问卷，得到有效问卷 972 份，问卷有效率为 97.2%，样本的描述性统计特征见表 4-3。参考 2015 年《江西省统计年鉴》，本次调查的样本统计特征与江西省人口统计特征相近，故可以认为样本具有代表性。

表 4-3　　　　　　　　　样本的描述性统计

变量	定义	样本数	占比（%）	变量	定义	样本数	占比（%）
性别	男	812	83.5	家庭年均收入	1 万元以下	54	5.5
	女	160	16.5		1 万~2 万元	96	9.9
年龄	35 岁以下	134	13.8		2 万~3 万元	343	35.3
	35~44 岁	334	34.4		3 万~5 万元	405	41.7
	45~55 岁	462	47.5		5 万元以上	74	7.6
	55 岁以上	42	4.3	教育水平	小学及以下	426	43.8
家庭规模	3 人以下	128	13.1		初中	363	37.4
	3~5 人	201	50.7		高中	115	11.8
	5 人以上	643	36.2		高中以上	68	7.0

二、关键变量测量

尽管我们对理论模型所涉及的变量都进行了问卷调查，鉴于整个模型中的变量较多，我们不可能通过一次实证研究对模型里所有变量之间的关系进行分析，我们在访谈过程中发现，生活方式、社会文化、政府政策分别在实施成本、参照规范与情境要素三个主范畴中的提及次数最多，故在本书中我们选取这三个变量，通过实证分析以检验它们在农村居民低碳消费意识到行为转化过程中的促进（或是阻碍）作用，具体见图 4 - 2。

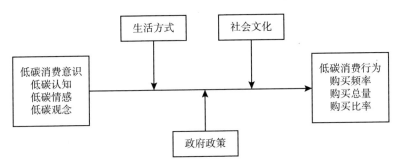

图 4 - 2　农村居民低碳消费意识与行为缺口实证检验模型

对于实证检验模型中变量的测量，我们参考了国内外相关研究文献，并根据中国农村居民的生活背景进行了综合比较与修正。对于低碳消费意识中的三个变量，我们利用"我知道全球气候变暖""我知道大气污染"等五个条目来测量农村居民的低碳认知（Bohlen et al.，1993）。低碳情感通过弗拉吉和马丁内兹（Fraj and Martinez，2007）所使用的七个条目来测量，并根据中国背景进行了一定的修正，如：得知政府采取了许多措施来治理生态环境我很欣慰，我对雾霾天气感到很沮丧等。低碳观念通过弗兰森和加灵（Fransson and Gärling，1999）所使用的 5 个条目来测量，如：尽管人类有能力改造自然但必须遵从自然规律，保护生态有利于人类的可持续发展等。对生活方式的测量我们参考了里钦斯和道森（Richins and Dawson，1992）的 VALS2 量表，并针对示范区内农村居民的生活特征进行了相应的修正，形成"我们比较习惯使用薪柴""我们越来越多地使用空调、洗衣机等家电产品"等 4 个题项。对社会文化的测量参考了麦克道加尔（McDougall，1993）关于中国传统文化的研究成果，利用"勤俭节约是我们的传统美德""我们应与自然和谐相处"等 5 个题项来测量。由于政府政策具有一定的特殊性，我们自行设计了"如果购买积极型产品（如低碳、节能等）有优惠，我会选择购买""如果政府有补贴，我更愿意购买积极型产品（如家电、太阳能等）"等 5 个题项来测量。低碳消费行为通过陈（Chan，2001）在研究中国消费者的绿色消费行为时所采用的"购买频率""购买比率""购买总量"三个题项来测量。以上题项都采用里克特七点量表来表达，其中 1 表示"完全不同意"，7 表示"完全同意"。

三、量表信效度检验

由于本书所使用的量表进行了一定的修正，故对反向量表进行反向计分后，通过探索性因子分析（EFA）发现，低碳认知中有 1 个题项，低碳情感中有 2 个题项、低碳观念中有 1 个题项、生活方式中有 1 个题项、社会文化中有 1 个题项、政府政策有 1 个题项的因子载荷小于 0.6。删除这些题项后，验证性因子分析表明（见表 4-4），几乎所有变量的 Cronbach's α 值都在建议值 0.7 以上，表明量表具有较高的内部一致性信度，只有生活方式的 Cronbach's α 值略低，可能的原因有两方面：一是我们根据农村居民的生活特征对生活方式量表进行了一定的修正；二是农村居民的生活方式呈现多元化的趋势，这在我们的访谈过程中得到了一定的验证。所有变量的 KMO 值都大于 0.6（Sig. 值在 0.01 的水平下显著），各测量题项的因子载荷都大于 0.6，几乎所有变量的 AVE 均大于 0.5（生活方式除外），表明量表具有聚合效度。各变量 AVE 的平方根均大于变量间的相关系数，可以认为量表具有良好的判别效度。

表 4-4   量表的信效度检验

变量名	X_1	X_2	X_3	M_1	M_2	M_3	Y
题项数	4	5	4	3	4	4	3
KMO 值	0.758**	0.758**	0.795**	0.626**	0.726**	0.703**	0.631**
Cronbach's α 系数	0.777	0.751	0.859	0.652	0.844	0.720	0.801
因子载荷	>0.724	>0.737	>0.737	>0.605	>0.739	>0.634	>0.731
AVE	0.592	0.595	0.611	0.459	0.631	0.544	0.660

注：$X_1 \sim X_3$ 分别表示低碳认知、低碳情感及低碳观念；$M_1 \sim M_3$ 分别表示生活方式、社会文化及政府政策；Y 表示低碳消费行为；** 表示 Sig. 值在 0.01 的水平下显著。

四、实证结果分析

模型中所涉及变量的描述性分析及变量间的相关系数矩阵如表4-5所示。在低碳消费意识中，农村居民的低碳情感与低碳观念得分较高（在7点量表中，均值皆高于4），而低碳认知得分最低，均值为3.192，表明农村居民尽管对生态环境表现出较强的观念与情感，但总体而言对低碳的认知偏低。在调节变量中，农村居民的社会文化及对政府政策的评价较高（均值高于4），而生活方式的得分较低，均值为2.548，表明农村居民会表现出亲自然的文化倾向及较强的政策依赖，但在生活方式上却未充分体现低碳环保，如使用薪柴等。低碳消费行为的均值为4.009，表明农村居民表现出一般化的低碳消费行为。从变量间的相关系数上看，低碳认知、低碳情感、政府政策与低碳消费行为呈显著正相关，而生活方式与低碳消费行为呈显著负相关。为了更深入地刻画自变量、调节变量及结果变量之间的关系，我们利用多元回归分析自变量对结果变量的主效应，及调节变量在自变量与结果变量之间的调节效应。

表4-5　　　　　　　　　　变量间相关系数矩阵

变量	M	SD	X_1	X_2	X_3	M_1	M_2	M_3	Y
X_1	3.192	1.312	1						
X_2	5.792	1.028	0.029	1					
X_3	6.535	0.826	-0.017	0.505**	1				
M_1	2.548	1.126	-0.053	-0.399**	-0.481**	1			
M_2	5.684	1.048	0.026	0.363**	0.524**	-0.427**	1		
M_3	5.909	0.926	0.038	0.158**	0.109	-0.067*	0.024	1	
Y	4.009	1.312	0.239**	0.201**	0.107	-0.263**	0.057	0.209**	1

注：* 表示相关系数在0.05的水平下显著；** 表示在0.01的水平下显著。

（一）生态消费意识对行为影响的实证分析

我们建立如下多元回归模型，以考察生态消费意识对生态消费行为的影响：

$$Y = \alpha_0 + \sum_{i=1}^{3} \alpha_i X_i + \sum_{i=1}^{3} \sum_{j=1}^{3} \beta_j X_i X_j + \varepsilon (i \neq j) \qquad (4-1)$$

其中，$X_i X_j$ 表示生态消费意识三个维度间的交互项，α_0 为常数项，α_i 和 β_j 分别表示自变量及交互项的系数，ε 为误差项。对所有变量进行中心化处理后，分析结果如表 4-6 所示。其中模型一为生态消费意识三个维度对行为影响的主效应，模型二为消费意识三维度对行为影响的交互效应。从模型一可以看出，生态消费意识对行为均有显著的正向影响，且生态情感的影响最大，生态认知次之，生态观念的影响最小。但引入交互效应后，我们发现结果却出现了一定程度的反转。模型二显示，在回归方程中引入交互项，生态认知与情感对行为的影响不再显著，而生态观念对行为的影响显著加强，且三个交互项对行为均有显著的正向影响（其标准化回归系数都在 0.3 以上，明显大于单个因子的标准化回归系数），表明如能把提升生态认知、激发生态情感共鸣、强化生态观念三种方式结合使用，会更为有效地激发农村居民的生态消费行为。

表 4-6　　　　　　　　生态消费意识对生态消费行为的回归分析

变量	模型一		模型二	
	标准系数	Sig. 值	标准系数	Sig. 值
X_1	0.230	0.000	0.037	0.878
X_2	0.247	0.000	0.086	0.569
X_3	0.104	0.035	0.245	0.000
$X_1 X_2$	—	—	0.347	0.043
$X_1 X_3$	—	—	0.635	0.031
$X_2 X_3$	—	—	0.453	0.019
R^2	0.103		0.111	
F	36.983		20.023	
Sig.	0.000		0.000	

（二）生活方式、社会文化及政府政策的调节效应分析

为了验证生活方式、社会文化及政府政策的调节作用，我们构建出如下

模型，并通过层次回归进行分析：

$$Y = \alpha_0 + \sum_{i=1}^{3} \alpha_i X_i + \sum_{i=1}^{3} \sum_{j=1}^{3} \beta_j X_i M_j + \varepsilon \qquad (4-2)$$

其中，$X_i M_j$ 表示变量 M_j 在 X_i 和 Y 之间关系的调节效应。对所有变量进行中心化处理后，分析结果如表 4 - 7 所示。在生活方式的调节作用中，我们发现生活方式对生态消费行为存在显著的负向影响，说明农村居民目前的生活方式会抑制其生态消费行为，且生活方式反向调节生态观念—消费行为之间关系，表明在低生态化的生活方式下，农村居民的生态观念对消费行为的影响会显著减弱，如图 4 - 3 所示。在社会文化的调节作用中，可以看到文化对行为存在显著的正向影响，表明农村居民所处的社会文化环境会促进其生态消费行为，且社会文化正向调节生态认知—消费行为之间的关系，说明社会文化能显著提升生态认知对消费行为的正向影响，如图 4 - 4 所示。在政府政策的调节作用中，我们发现政府政策对行为具有显著的正向影响，表明政府政策会显著促进农村居民的生态消费行为，且政策在生态认知和情感—行为之间的关系中存在显著的调节效应，说明政府政策能强化生态认知与情感对消费行为的正向影响，如图 4 - 5 和图 4 - 6 所示。

表 4 - 7　　　　生活方式、社会文化及政府政策的调节效应分析

变量	M_1			M_2			M_3		
	模型一	模型二	模型三	模型一	模型二	模型三	模型一	模型二	模型三
X_1	0.230**	0.211**	0.187*	0.230**	0.229**	-0.083	0.230**	0.225**	0.882**
X_2	0.247**	0.191**	0.137	0.247**	0.244**	0.132	0.247**	0.214**	0.685**
X_3	0.104*	-0.206**	0.022	0.104*	-0.114**	-0.181	0.104*	-0.09	0.038
M_i		-0.271**	0.052		0.121**	-0.104		0.168**	0.967**
$X_1 M_i$			0.046			0.349**			0.724**
$X_2 M_i$			0.099			0.163			0.673**
$X_3 M_i$			-0.415*			0.256			-0.194
F	36.983**	44.844**	26.611**	36.983**	27.812**	17.330**	36.983**	36.207**	24.581**
R^2	0.103	0.156	0.162	0.103	0.115	0.122	0.103	0.130	0.151
ΔR^2		0.054**	0.006*		0.012*	0.07*		0.027**	0.021**

注：* 表示相关系数在 0.05 的水平下显著；** 表示在 0.01 的水平下显著。

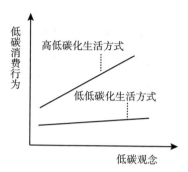

图 4 - 3　生活方式的调节效应

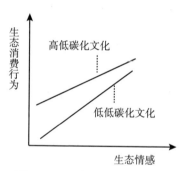

图 4 - 4　社会文化的调节效应

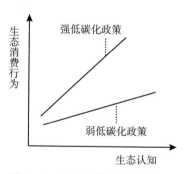

图 4 - 5　政府政策的调节效应一

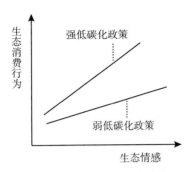

图 4 - 6 政府政策的调节效应二

第五节 本 章 小 结

本章首先利用扎根理论的质性研究方法，构建了农村居民生态消费意识与行为缺口理论模型，然后通过调研数据对理论模型进行了实证检验，得到了以下结论：第一，质性研究表明，农村居民的生态消费意识是引发其生态消费行为是否发生的内驱力（内因），但这种内驱力（内因）作用的大小会受到实施成本、参照规范、情境要素等外在因素（外因）的影响，从而导致了农村居民生态消费意识与生态消费行为缺口的发生。第二，实证研究结果表明，一方面，农村居民的生态消费意识（生态认知、生态情感及生态观念）会对消费行为产生积极影响，但它们的影响程度存在差异，其中生态情感的影响最大，生态认知次之，生态观念的影响相对较小；另一方面，尽管积极的生态消费意识能够转化为积极的消费行为，但这种转化并不是十分有效，消费意识三个维度的标准化路径系数都未超过0.3，远低于亲环境消费意愿与行为之间的相关系数 0.52（Bamberg and Möser，2007）。第三，生态消费意识三个因子的交互效用分析表明，引入交互项后，生态认知与情感对行为影响的主效应不再显著，但三个因子间的两两交互项对行为具有非常显著的正向影响（三个标准化回归系数都在0.3以上），这说明把认知、情感及观念三个内部因子结合使用能有效提升农村居民的生态消费行为。第四，调节效应检验发现，生活方式、社会文化及政府政策在生态消费意识到生态消费行为的转化过程中起着促进或阻碍作用，是导致意识—行为缺口发生的外在因素（外因），其中，生活方式反向调节观念—行为之间的关系，在低生态化的生活方式下，观念对行为的正向影响会显著弱化，社会文化正向调节认知—行为之间的关系，即社会文化能显著提升生态认知对消费行为的积极影响，而政府政策在认知与情感—行为之间存在显著的正向调节作用，即政府政策能强化生态认知和情感对消费行为的正向影响。

本章的理论贡献在于：首先，通过访谈数据，基于扎根理论构建出了农村居民生态消费意识与行为缺口模型，该模型能在一定程度上解释农村居民生态消费意识与行为产生不一致的原因，在理论上丰富和发展了关于我国农村居民生态消费方面的研究。其次，从内部驱动力（内因）和外在影响因素（外因）出发，通过实证分析确定了哪些因素（如社会文化、政府政策）在意识—行为的转化过程中起推进作用，哪些因素（生活方式）在意识—行为的转化过程中起阻碍作用，为进一步研究如何有针对性地弱化阻碍因素的影响、强化推进因素的作用奠定了理论基础。最后，确定了外部因素影响意识—行为之间关系的边界，如生活方式反向调节观念—行为之间的关系，而对认知与情感—行为之间的关系却无显著影响，社会文化能强化认知对行为的正向影响，但对情感与观念—行为之间的关系无显著影响，政府政策能显著提升认知与情感对行为的正向作用，却不能显著推进观念对行为的影响，为进一步提升意识到行为之间的转化提供了理论支持。

在实践上，本章能为有效制定促进农村居民生态消费行为的具体措施提供借鉴和参考。一是尽管农村居民的生态消费意识是其生态消费行为发生的内在驱动力，但其作用的大小却存在差别，对于政府或企业而言，要从农村居民的内因上去影响其生态消费行为，利用情感策略可能会更为有效，因此要特别注意采取情感策略激发农村居民对生态环境问题的情感共鸣；二是虽然生态消费意识的三个维度均能对行为产生正向影响，但如把提升农村居民的生态认知策略、激发生态情感策略及强化生态观念策略结合使用，会比单独使用某一具体策略更为有效；三是由于农村居民的生活方式会弱化生态消费意识对行为的正向影响，而社会文化及政府政策会强化这种影响，因此，一方面要重视通过宣传教育弘扬传统文化，从文化价值观上唤起农村居民对生态问题的关注，以促进农村居民的生态消费，另一方面要扩大政府政策支持范围和力度，如采取太阳能补贴、沼气池改造等措施，对农村居民高生态化的生活方式进行正向激励，以逐渐改变其传统的低生态化的生活方式，促进可持续性消费。

尽管通过质性和实证研究探讨了农村居民生态消费意识与行为产生缺口的原因，并取得了一些具有理论和实践价值的重要结论，但还存在诸多不足。首先，基于江西生态文明示范区内农村居民的访谈资料和调研数据构建的理论模型及开展的实证研究，理论模型是否适合其他省份及地区需进一步验证，且实证检验结果的外部效度也需进一步拓展；其次，由于理论模型所涉及的变量较多，我们不能在一次实证分析中纳入所有变量，因此需要在后续的研究中对理论模型里的其他变量进行逐步验证；最后，为了避免实证分析过于复杂，我们只验证了生态消费意识三维度的两两交互，未考虑三阶交互作用，在调节效应分析中，我们也仅分析了单变量的调节作用，而未探讨双变量或三变量的调节效应。

第五章

政策工具对农村居民低碳能源消费行为的影响研究

第一节　引　　言

城镇化为发展国民经济、提升广大农村地区发展水平发挥了积极作用，但却没有彻底改变农村地区粗放的传统经济发展模式。目前，我国许多农村地区没有常规的清洁能源，可供利用的能源资源主要是生物能源如薪柴、秸秆草类、人畜粪便、煤炭、液化气等利用率低、污染重的原料（吴大鹏，2012）。从全国范围来看，我国农村清洁能源供给不足、能源利用效率低下进而导致环境持续恶化的形势依然十分严峻。为了应对环境恶化和能源紧张的形势，党中央、国务院审时度势，在制定全国节能减排目标的同时积极推进生态文明建设。2009 年 12 月国务院正式批复《鄱阳湖生态经济区规划》，标志着建设鄱阳湖生态经济区正式上升为国家战略。2010 年和 2012 年，生态经济区规划城市南昌市和景德镇市先后被列入低碳试点城市。鄱阳湖生态经济区的备受重视与快速发展要求我们对其区域内农村居民能源消费进行积极引导，进而应对能源利用效率低下、环境持续恶化的形势，实现节能减排目标。

综合来看，目前国家及地方制定的农村居民能源消费的引导政策主要集中在经济政策，如农村沼气建设补贴、太阳能下乡、建材下乡（节能环保）等。总体上，多数学者认同经济激励的重要性，认为经济政策对于居民低碳能源消费具有激励和约束功能（Gillingham et al., 2009；Aardianou，2010），但也有部分学者认为特定的经济政策并不必然会诱发居民的低碳能源消费行为（Egmond et al., 2005；Gans，2012）。那么这些政策实施后，农村的低碳能源消费模式是否发生了改变？农村的生态环境是否得到了很大的改善？

另外，不同消费群体对经济政策的反应是异质的，当前我国经济体制改革带来的影响可能会导致居民的购买决策出现各种明显的短视现象或呈阶段性特点，因此，如果在政策制定过程中忽视各消费群体的异质性行为，必然会使政策的有效推广大打折扣（贺京同，2009）。根据预调查，我们发现了一些问题，如农户对一些节能环保产品（如太阳能、节能家电等）的购买意愿并不高，利用程度较低等。这样我们就非常有必要去解答：这些问题背后的深层原因是什么？不同类型农村居民的低碳能源消费行为有何特征？政府应该如何选择对特定农村居民群体低碳能源消费行为的最优引导政策？

第二节 变量选取

本节主要是对问卷调查收集的数据进行统计分析，首先对各个研究变量的题项分布特征进行描述性统计分析，然后通过因子分析、方差和均值分析等对农村居民低碳化能源消费行为问卷的信效度进行分析。

在进行文献综述的基础上，选取个体态度变量、人口统计学变量、认知变量、情境变量等维度，通过鄱阳湖生态经济区内农村居民大规模问卷调查，采用统计学方法对面板数据进行分析，考察农村居民的低碳能源行为实施（见表5-1）。

表5-1 农村居民低碳能源消费行为变量指标

一级指标	变量分类	题项数	变量解释	测量标准
人口统计学变量	居民个体特征 A01	8	性别、年龄、文化程度等	分类变量
	家庭特征 A02	12	家庭规模、收入状况、居住方式等	

续表

一级指标	变量分类	题项数	变量解释	测量标准
认知因素	低碳知识 A03	8	8 个关于"低碳"概念、"低碳使用"的常识问题	取答对题数为得分
	环境问题认知 A04	4		
	低碳情感 A05	5	生态情感,如恐慌、苦恼、欣慰等	
	环境价值观及责任感 A07	8		
情境因素	社会规范 A06	5		李克特7点量表
	宣传教育 A08	4		
	成本与收益 A09	7		
	政策法规 A10	16	信息性政策、经济性政策、行政性政策、物理性政策等	
信念因素	行为信念 B1	14	行为信念强度、行为效用评价、行为便利性等	
	规范信念 B2	14	个人规范信念、群体规范性信念	
	控制信念 B3	11	行为信心、行为难度感知、行为控制力	
行为实施	行为实施 C1	15	节能家电购买行为、节能使用行为、节能管理行为	分类变量

注:李克特7点量表中,被调查者在问卷中勾选在多大程度上同意一系列描述性语句符合自身在低碳消费有关方面的实际情况,其中"1"代表"完全不同意","7"代表"完全同意"。

居民个体特征(A01)变量设置被调查者性别、年龄、受教育程度等8个题项;家庭特征(A02)变量设置被调查者家庭规模、收入状况、家庭拥有的耐用品、家庭使用燃料种类等12个题项;认知因素包括低碳知识(A03)、环境问题认知(A04)、低碳情感(A05)、环境价值观及责任感(A07)等25个题项,其中低碳知识由8个关于"低碳"概念、衣食住行中"低碳使用"的常识性问题组成,取回答正确题数为低碳知识得分;情境因素由社会规范(A06)、宣传教育(A08)、成本与收益(A09)、政策法规(A10)等构成,共32项;信念因素包含行为信念(B1)、规范信念(B2)、控制信念(B3)共39个题项,行为实施变量共含15个题项。

基于以上研究启示,进一步提出了如下研究问题:

研究问题1:依据个体特征、家庭特征、认知因素、情境因素、信念因素、行为实施的差异，是否可将农村居民划分成不同的低碳能源消费群体？

研究问题 2：各个群体内的能源消费行为有哪些共性？

研究问题 3：不同群体在人口统计特征方面是否存在差异？低碳消费行为实施的主动性是否存在差异？采取低碳消费行为的意向是否存在差异？

研究问题 4：不同引导政策对不同低碳能源消费群体的影响如何？

第三节　描述统计与因子分析

一、描述统计

运用 SPSS 19.0 对 398 份调查样本进行描述性统计分析，分析结果如下：

(一) 农户个人特征描述性统计分析

总体来看，本调查样本中男性比例较高，占总体的 67.6%，这是因为调查的主要调查对象是户主，符合农村家庭中户主较多为男性的现状。样本农户年龄在 30 岁及以下的居多，占总体的 44.2%，其次为 31～50 岁，所占比例为 41.5%，50 岁以上的只有 14.3%，这与目前我国农村劳动力结构基本一致。被调查农户的受教育程度总体较高，高中及以上学历的比例将近一半，占 48%，初中学历与小学文化程度及以下的农户比例接近，分别占 25.6%、26.4%。超过七成的被调查农户已婚，未婚的占 26.4%。

从相关群体来看，只有 7% 的被调查农户是村干部，被调查农户中三代直系亲属有 5 户以下的为多数，占 55.5%；直系亲属为 5～8 户的和 9 户及以上的分别占 36.4%、8.1%。手机通讯录中号码是占比最多的是 21～50 人区间，占比超过 1/3（34.9%），其次是 101 人以上，占 26.7%，0～20 个的比例最低，为 16.6%，说明随着农村居民生活水平的不断提升，农户的手机拥有率和使用频率都较高。

从择业方面来看，从事农业的农户最多（18.3%），与务工农户所占比例（18.1%）相差不大，再次是个体工商户和务工兼务农群体，占比分别为 17.3% 和 17.1%，从事事业单位或公务员工作的农户则最少，只有 7.3%（详见表 5-2）。

表 5 – 2　　　　　　被调查农户个人特征的描述性统计分析

变量名称	A01	选项	频数（人）	频率（%）
性别	A0101	男	269	67.6
		女	129	32.4
年龄	A0102	30 岁以下	176	44.2
		31～50 岁	165	41.5
		51 岁及以上	57	14.3
受教育程度	A0103	小学及以下	105	26.4
		初中	102	25.6
		高中或中专	121	30.4
		大专、本科及以上	70	17.6
婚姻状况	A0104	已婚	293	73.6
		未婚	105	26.4
是否为村干部	A0105	是	28	7.0
		否	370	93.0
三代直系亲属户数	A0106	1～4 户	221	55.5
		5～8 户	145	36.4
		9 户及以上	32	8.1
手机通讯录人数	A0107	0～20 个	66	16.6
		21～50 个	139	34.9
		51～100 个	87	21.9
		101 个及以上	106	26.6
主要从事的工作	A0108	务农	72	18.1
		务工	73	18.3
		务农兼务工	68	17.1
		个体工商户	69	17.3
		事业单位或公务员	29	7.3
		其他	87	21.9

　　注：户主的教育年限进行以下换算：小学及以下为 0～6 年，初中为 7～9 年，高中和中专为 10～12 年，大专本科及以上为 13～18 年。

（二）农户的家庭特征描述性统计分析

农户的家庭特征主要表现在家庭结构、经济水平、居住方式、碳排放特征等。

家庭结构方面，家庭人口数主要集中在 1~4 人，占被调查农户的比例高达 43.0%，其次是 5~6 人的中型家庭，占 37.4%，7 人及以上的家庭占 19.6%，将近总样本的 1/5，符合随着我国计划生育政策的推行及家庭意识的变化，家庭结构趋向小型化的趋势。超过 1/2 被调查农村家庭的孩子数有 2 个，占 50.2%；其次是 1 个，占 30.7%，这与现阶段我国社会转型期农村家庭独子比例增大有关。购买决策者最多的是共同决策，占 57.3%，然后是夫主型（20.9%）和妻主型（13.3%），与一般核心家庭的决策模式相符。每户农村家庭在外打工劳动力总数集中在 2 人（46.3%），3 人及以上外出打工的农户家庭也较多，占被调查农户的 29.0%，说明环鄱阳湖生态经济区的农村劳动力外出就业较多，是重要的劳务输出地。

家庭经济水平方面，农户家庭人均可支配收入低于 2014 年江西省农村居民人均可支配收入 10117 元水平的被调查者占 77.1%，人均可支配收入在 10117~24309 元之间的占到 18.4%，达到城镇居民人均收入水平 24309 元以上的只占到 4.5%，说明环鄱阳湖生态经济区的农村整体收入水平还不高，可能原因是这一地区是个农业比重偏高的区域，工业不发达，农村居民收入主要依靠较为原始粗放的第一产业。家庭拥有的耐用品数量显示了家庭的整体生活水平，占比最多的是 4~6 台，占 46.5%，其中冰箱、空调、电脑的占有率较高，表明享受型家电将成农村消费热点。

家庭居住环境方面，家庭住宅建筑面积（多层加总）最多的是 100~200 平方米，占 48.7%，200 平方米以上的占 36.2%，表明农村居民家庭住宅面积都较大，与环鄱阳湖生态经济区较低的人口密度相符。房子建筑材料为砖房、砖木、砖土木的最多，占 60.1%，混凝土房占 25.6%，小区套房占 7.5%，最后是土房、木房，占 6.8%，随着新农村建设以及四化同步的进行，环鄱阳湖生态经济区农村居民的住房条件逐渐转好。与镇上的距离代表与周围经济、文化、政治中心的远近，距离 10 公里以下的占比 83.4%，其次是 10~30 公里占 14.1%，30 公里以上的只有 2.5%，说明以平原地貌为主的环鄱阳湖生态经济区的农村居民大多是聚居方式。

家庭碳排放特征方面，家庭主要使用燃料可从侧面反映家庭的低碳倾向，属于低碳能源的沼气占比4.5%，说明沼气能源在鄱阳湖生态经济区尚未得到推广，选择电能为家庭主要能源的家庭超过1/3（35.9%），选择天然气的占35.2%，选择其他（包括木柴、秸秆或干草、煤炭）的占24.4%。人均年耗电费180元以下的占42.7%，一方面说明农村居民的节电意识较强，另一方面表示其他能源的使用更为频繁（详见表5-3）。

表5-3　　　　　　　　　　被调查农户家庭特征的描述性分析

变量名称	A02	选项	频数（人）	频率（%）
家庭人口数	A0201	1~4人	171	43.0
		5~6人	149	37.4
		7人及以上	78	19.6
家庭孩子数	A0202	1人	122	30.7
		2人	200	50.2
		3人	51	12.8
		4人以上	25	6.3
上学孩子数	A0204	0人	59	14.8
		1人	149	37.5
		2人	147	36.9
		3人	28	7.0
		4人以上	15	3.8
家庭打工劳动力总数	A0205	0人	17	4.3
		1人	81	20.4
		2人	184	46.3
		3人及以上	116	29.0
家庭人均可支配收入	A0206	10117元以下	307	77.1
		10117~24309元	73	18.4
		24309元以上	18	4.5
与镇上的距离	A0208	10公里以下	332	83.4
		10~30公里	56	14.1
		30公里以上	10	2.5

续表

变量名称	A02	选项	频数（人）	频率（%）
家庭住宅建筑面积 （多层加总）	A0209	40 平方米以下	6	1.5
		40～100 平方米	54	13.6
		100～200 平方米	194	48.7
		200 平方米以上	144	36.2
家庭房子建筑材料	A0210	土房、木房	27	6.8
		砖房、砖木、砖土木	239	60.1
		混凝土房	102	25.6
		小区套房	30	7.5
家庭购买决策者	A0211	户主（丈夫）	83	20.9
		配偶（妻子）	53	13.3
		孩子	34	8.5
		共同决定	228	57.3
人均年耗电费	A0212	180 元	170	42.7
		180～300 元	134	33.7
		300 元以上	94	23.6
家庭拥有 耐用品数量	A0213	1～3 台	142	35.7
		4～6 台	185	46.5
		7～8 台	71	17.8
家庭主要使用燃料	A0214	电	143	35.9
		沼气	18	4.5
		天然气	140	35.2
		其他	97	24.4

注：（1）家庭人均可支配收入＝人均年收入［由工资性收入、经营净收入（包括养殖业收入、种植业收入、自营工商业收入等）、财产净收入、转移净收入（各项补贴）和其他收入等组成］－人均年支出。（2）2014 年江西省农村居民人均可支配收入为 10117 元，城镇居民人均可支配收入 24309 元，以人均年收入把调查样本分为低收入户（人均年收入＜10117 元）、中等收入户（10117 元≤人均年收入≤24309 元）、高收入户（人均年收入＞24309 元）组成。（3）题项 A0213 中，家庭耐用消费品主要包括彩电、冰箱、洗衣机、空调、液化气、电热水器、太阳能及电脑共八种较为常见的家电。

（三）农户的其他特征描述性统计分析

从描述性统计结果可以看出，在认知因素方面，被调查区域农村居民低碳知识得分均值为 4.53 分，说明平均答对一半以上。环境问题认知、低碳情感、环境价值观及责任感的均值分别是 4.27 分、4.47 分、4.39 分。在情境因素方面，社会规范、宣传教育、成本与收益变量的均值在 4.42 ~ 4.71 分之间。信念因素方面，行为信念、规范信念、控制信念得分在 4.45 ~ 4.62 分之间（见表 5 - 4）。

表 5 - 4　　　　　　　农户的其他特征描述性统计分析

	变量	均值	标准差
认知因素	低碳知识（A03）	4.53	1.799
	环境问题认知（A04）	4.27	1.710
	低碳情感（A05）	4.47	1.627
	环境价值观及责任感（A07）	4.39	1.673
情境因素	社会规范（A06）	4.71	1.644
	宣传教育（A08）	4.69	1.629
	成本与收益（A09）	4.42	1.648
信念因素	行为信念（B1）	4.47	1.567
	规范信念（B2）	4.45	1.599
	控制信念（B3）	4.62	1.515

表 5 - 5 显示，被调查者的低碳常识性题目的答对题数集中在 4 ~ 6 题，其次是 0 ~ 3 题，占比将近 1/3，答对 0 题和 8 题的分别是 4 人、7 人，说明被调查样本对于低碳知识的积累多少不一，基本偏低。

表 5 - 5　　　　　　　农户低碳知识的描述性统计分析

		得分（题）	频数（人）	频率（%）
低碳知识	A03	0 ~ 3	125	31.4
		4 ~ 6	206	51.7
		7 ~ 8	67	16.9

（四）农村居民低碳能源消费实施描述性分析

低碳能源消费行为主要表现为：农村居民直接或间接以减少碳排放为目的的能源消费行为，包括对低碳产品、节能产品、绿色能源、节能设施的购买行为及日常生活中对能耗设备与设施的低碳化使用管理行为。问卷中低碳能源消费行为实施（C1）共包括13个问项。

表5-6中显示，被调查者已购买节能家电数量的均值为1.96台，45%的被调查者购买了一台节能家电，其次是拥有两台（22.9%）、三台（20.4%）家电的群体。拥有沼气的有82户，只占总样本量的20.6%，说明沼气拥有率约为1/5。拥有太阳能热水器的有224户，占总样本量的56.28%，太阳能热水器在农村地区已经相对普及。使用沼气池（以一个月10次的频率为标准）的家庭中，频率为经常和偶尔的家庭不到总量的2/3。已有太阳能热水器的家庭中，经常使用的不到一半，占42.0%；偶尔使用的农村家庭占57.5%，说明太阳能沼气的使用频率较高。

表5-6 农户低碳能源消费实施描述性分析

	选项	频数（人）	频率（%）	有效百分比（%）	累积百分比（%）
已购买节能家电的数量	0	4	1.0	1.0	1.0
	1	179	45.0	45.0	46.0
	2	91	22.9	22.9	68.8
	3	81	20.4	20.4	89.2
	4	38	9.5	9.5	98.7
	5	5	1.3	1.3	100.0
拥有沼气	1	82	20.6	20.6	20.6
	0	316	79.4	79.4	100.0
拥有太阳能热水器	1	224	56.3	56.3	56.3
	0	174	43.7	43.7	100.0
使用沼气频率	1	33	27.3	27.3	27.3
	2	46	38.0	38.0	65.3
	3	42	34.7	34.7	100

续表

	选项	频数（人）	频率（%）	有效百分比（%）	累积百分比（%）
使用太阳能 热水器频率	1	167	42.0	42.0	42.0
	2	229	57.5	57.5	99.5
	3	2	0.5	0.5	100.0

注：题项中设置的节能家电包括低能耗彩电、低能耗冰箱、变频空调、低能耗洗衣机及其他。收集的问卷中，"其他"选项有太阳能、节能风扇等。

从表5-7可知，房子在2007年以后建的共194个人，这类群体在建新房的时候，考虑了住宅的低碳节能设计（如自然采光、通风等）的占49.0%，装修时使用了节能环保材料的占58.8%。

表5-7   2007年以后建房的节能特征

	选项	频率	比例（%）	有效百分比（%）	累积百分比（%）
考虑了住宅的低碳节能设计	1	95	49.0	49.0	49.0
	0	99	51.0	51.0	100.0
装修时使用了节能环保材料	1	114	58.8	58.8	58.8
	0	80	41.2	41.2	100.0

通过表5-8可知，在对各项个人电器使用习惯的频率统计中，经常有意识保持良好电器使用节能习惯的样本户占总体40%，这说明还有很大一部分样本户并没有养成电器使用节能意识。很少有意识保持良好电器节能习惯的样本户占总体的22.3%，说明还有相当一部分农村居民不具备良好的电器使用节能习惯，其中有13.6%的样本户不用液化气时不会关掉阀门，这说明这部分居民不仅节能意识不强，甚至安全意识也不够。另外，在对"购买家电时，是否会关注节能省电因素"这一项目进行考察中，有68.3%的样本户会考虑节能省电因素，可能原因是因为节能省电家电有国家补贴、能减少生活开支，从而加大了农民的购买意愿。

表 5 - 8　　　　　　　　　　　　　个人电器使用习惯

变量	选项	频率	比例（%）	变量	选项	频率	比例（%）
是否经常会调低屏幕的亮度	1	141	35.4	不用液化气时，是否会关掉阀门	1	236	59.3
	2	145	36.4		2	108	27.1
	3	112	28.1		3	54	13.6
断电时，是否会关掉排插	1	180	45.2	一天以上没人在家时，是否会关掉总电闸	1	95	23.9
	2	153	38.4		2	143	35.9
	3	65	16.3		3	160	40.2
是否会控制洗澡的时间	1	129	32.4	平时是否有拔插头的习惯	1	164	41.2
	2	168	42.2		2	178	44.7
	3	101	25.4		3	56	14.1
是否会注意调节灶台火苗的大小	1	178	44.7	购买家电时，是否会关注节能省电因素	0	126	31.7
	2	147	36.9		1	272	68.3
	3	73	18.3				

注：在以上个人使用电器行为习惯的题项里，1 代表"经常"，2 代表"偶尔"，3 代表"很少"。

二、因子分析

首先应用 SPSS 19.0 进行统计分析，采用探索性因子分析模型对收集到的 398 份有效问卷进行信效度分析、相关性分析以考察问卷的信度和效度。

（一）信效度分析

因子分析的前提要求是各变量间必须有相关性，否则变量间没有共享信息，就不应当有公因子需要提取，变量间的相关性分析可以使用 KMO 统计量和 Bartlett's 球形检验加以判定。

Kaiser - Meyer - Olkin（KMO）统计量用于研究变量之间的偏相关性，可以用来检验问卷是否适合进行因子分析，KMO > 0.9 表示非常适合，介于 0.8 ~ 0.9 之间表示很适合，介于 0.7 ~ 0.8 之间表示适合。从表 5 - 9 可以看出，10 个变量的 KMO 检验的度量值介于 0.616 ~ 0.877 之间，显示出变量间的偏相关性较强，适宜做因子分析。Bartlett's 球形检验用于检验相关矩阵是否为单位矩阵，Sig. 值 < 0.05 表示适合做因子分析。如表 5 - 9 所示，

检验结果也为显著（df 值、近似卡方值、Sig. 值），10 个变量的 Sig. 值均小于 0.05，因此拒绝零假设，显示出样本数据间非各自独立，适合做因子分析，同时也说明本问卷具有良好的结构效度。

Cronbach's α 系数用于检测问卷内部一致性，要求 Cronbach's α 系数大于 0.7。表 5 - 9 显示，变量的 Cronbach's α 系数在 0.642 ~ 0.829 之间，说明问卷通过了信度检验，其中社会规范、环境价值观及责任感、成本与收益 3 个变量的 Cronbach's α 系数略小于 0.7。

表 5 - 9 　　　　　　　　KMO、Bartlett 检验和信度分析

变量		KMO	Bartlett's 球形度检验			Cronbach's α 系数
			近似卡方	df	Sig.	
认知因素	环境问题认知（A04）	0.616	386.399	21	0.000	0.707
	低碳情感（A05）	0.745	406.663	15	0.000	0.735
	环境价值观及责任感（A07）	0.753	749.347	45	0.000	0.694
情境因素	社会规范（A06）	0.709	288.510	15	0.000	0.663
	宣传教育（A08）	0.763	298.720	6	0.000	0.728
	成本与收益（A09）	0.661	314.809	28	0.000	0.642
	政策法规（A10）	0.819	1688.002	120	0.000	0.822
信念因素	行为信念（B1）	0.775	1282.357	120	0.000	0.720
	规范信念（B2）	0.677	1234.714	120	0.000	0.705
	控制信念（B3）	0.867	1200.906	78	0.000	0.829

（二）探索性因子分析

用主成分分析法提取公因子，按照方差极大法和"特征值大于 1"的原则对 10 个变量进行探索性因子分析，再以正交旋转法进行旋转，按照第一因子载荷降序的顺序输出旋转后的因子载荷，即贡献率，因子载荷表中每一个载荷因子载荷值越高，表明该因子包含该变量的信息量越多。因子分析表中有每个因子的方差贡献率，即特征值，它的大小表示对应成分能够描述原有信息的多少。

经过探索性因子分析，环境问题认知变量提取了 2 个因子，删除了因子

载荷小于0.7的三个题项后，累计贡献率达74.053%，变量提取的因子载荷在0.710~0.895之间；低碳情感变量提取了2个因子，删除了因子载荷小于0.7的两个题项后，累计贡献率为72.300%，变量提取的因子载荷在0.771~0.981之间；环境价值观及责任感变量提取了2个因子，删除了因子载荷小于0.7的五个题项后，累计贡献率为60.169%，变量提取的因子载荷在0.753~0.830之间。这说明能源消费认知因素量表具有良好的收敛效度。

社会规范变量提取了2个因子，删除了因子载荷小于0.7的一个题项后，累计贡献率为81.886%，变量提取的因子载荷在0.796~0.965之间；宣传教育变量提取了1个因子，累计贡献率为55.139%，变量提取的因子载荷都在0.7以上，在0.715~0.769之间；成本与收益变量提取了2个因子，删除了因子载荷小于0.7的一个题项后，累计贡献率为61.284%，变量提取的因子载荷在0.717~0.831之间；政策法规变量提取了4个因子，信息工具的4个问项提取了1个因子，累计贡献率为65.573%，变量提取的因子载荷在0.781~0.838之间；信息工具的4个问项提取了1个因子，累计贡献率为63.453%，变量提取的因子载荷在0.756~0.845之间；行政工具的4个问项提取了2个因子，累计贡献率为70.807%，变量提取的因子载荷在0.776~0.849之间；物理工具的4个问项提取了1个因子，累计贡献率为71.162%，变量提取的因子载荷为0.842。这说明能源消费情境因素量表具有良好的收敛效度。

行为信念变量提取了3个因子，删除了因子载荷小于0.7的九个题项后，累计贡献率为68.909%，变量提取的因子载荷在0.702~0.965之间；规范信念变量提取了4个因子，删除了因子载荷小于0.7的八个题项后，累计贡献率为73.278%，变量提取的因子载荷在0.804~0.889之间；控制信念变量提取了3个因子，删除了因子载荷小于0.7的七个题项后，累计贡献率为69.802%，变量提取的因子载荷在0.763~0.866之间。这说明能源消费信念因素量表具有良好的收敛效度。

在筛选项目时，将旋转后因子负荷值小于0.7或同时在2个因子上的负荷值都大于0.5的项目删除，最终得到包含50个题项的24个因子。

（三）验证性因子分析

利用 AMOS 17.0 对模型进行验证性因子分析，得出量表组合信度、各因子包含项目及因子载荷、组合信度、AVE，如表 5-10 所示。其中环境价值观及责任感提取了 2 个因子，政策法规变量提取了 4 个因子，其他八个变量各提取了 1 个因子，累计贡献率为 52.87%～71.91%。模型中十个潜变量的组合信度都大于 0.7，说明本章所使用的量表具有较高的内部一致性信度。潜变量的 AVE 值均高于 AVE 的判别标准 0.5，说明量表具有较好的收敛效度。最终得到包含 47 个题项的 14 个因子。

表 5-10   验证性因子分析结果

变量	因子	题项	因子载荷	累计贡献率（%）	组合信度	AVE
环境问题认知（A04）	1	A0402	0.818	58.66	0.81	0.59
		A0401	0.816			
		A0404	0.652			
低碳情感（A05）	1	A0503	0.784	54.97	0.83	0.55
		A0506	0.757			
		A0501	0.724			
		A0505	0.698			
环境价值观及责任感（A07）	1	A0704	0.803	55.17	0.88	0.50
		A0705	0.738			
		A0703	0.727			
		A0709	0.627			
	2	A0701	0.718			
		A0708	0.677			
		A0706	0.656			
社会规范（A06）	1	A0601	0.771	54.22	0.78	0.54
		A0602	0.768			
		A0603	0.665			

续表

变量	因子	题项	因子载荷	累计贡献率（%）	组合信度	AVE
宣传教育（A08）	1	A0803	0.769	55.14	0.83	0.55
		A0804	0.755			
		A0801	0.730			
		A0802	0.715			
成本与收益（A09）	1	A0906	0.778	52.87	0.77	0.53
		A0904	0.720			
		A0908	0.680			
政策法规（A10）	1	A1002	0.838	65.57	0.85	0.66
		A1001	0.809			
		A1003	0.781			
	2	A1007	0.845	63.45	0.84	0.64
		A1006	0.786			
		A1005	0.756			
	3	A1012	0.848	71.91	0.84	0.72
		A1011	0.848			
	4	A1013	0.844	71.16	0.83	0.72
		A1014	0.844			
行为信念（B1）	1	B0114	0.780	60.31	0.81	0.52
		B0101	0.734			
		B0105	0.707			
		B0113	0.656			
规范信念（B2）	1	B0205	0.818	60.15	0.80	0.51
		B0206	0.745			
		B0207	0.658			
		B0202	0.615			

续表

变量	因子	题项	因子载荷	累计贡献率（%）	组合信度	AVE
控制信念（B3）	1	B0302	0.762	54.90	0.84	0.51
		B0301	0.718			
		B0304	0.711			
		B0310	0.685			
		B0303	0.681			

第四节　农村居民低碳能源消费行为聚类分析

不同的农村居民群体在低碳能源消费过程中会表现出差异化的行为特征，如主动消费型、跟随型、观望型等。因此本章借鉴消费行为学中的顾客细分理论，对农村居民低碳能源消费行为进行归类，划分出几个具有相似能源消费行为特征的群体，以分析同类群体的共性及不同类群体的异质性，掌握农村居民低碳能源消费行为的群体特征。

一、模型构建与方法选择

首先构建聚类模型，通过平均联结法公式（5-1）计算群体间的距离。

$$D_{ab} = \sum_{i \in a} \sum_{j \in b} d_{ij} / n \qquad (5-1)$$

公式（5-1）中，a 表示观测值的个数，b 表示观测变量的个数，n = a×b。

观测变量包括个体特征、家庭特征、低碳知识、低碳情感、社会规范、宣传教育、政策法规等。由于观测变量中既有分类变量（个体特征、家庭特征、生活方式、宣传教育、政策法规等），又有有序变量（低碳知识、低碳情感、社会规范等），故采用两阶段聚类分析法：第一阶段使用层次聚类来决定合适的聚类数，并检查是否有异常值，如有异常值则加以删除；第二阶段使用非层次聚类，将第一阶段所得到的聚类中心当作初始聚类中心，并按删除异常值后的观测值来分类，以划分出农村居民低碳能源消费群体。然后，通过交叉列联分析，探讨聚类后不同群体在低碳能源购买行为上所表现出的差异。

二、计量结果与分析

以行为实施作为农村居民的行为变量，以个人特征和家庭特征为人口统计学变量，以认知因素、情境因素、信念因素为心理变量，加上政策变量，联合作为聚类变量，在 SPSS 19.0 中选择两步聚类法，指定聚类数量为 3，对 398 个样本数据进行二阶段聚类分析。

将个人特征、家庭特征题项中的 8 个无序变量，以及行为实施中的"购买家电时是否关注节能省电"这一题项放进分类变量，将其他变量放进连续变量，先对连续变量做标准化分析。以行为实施、个人特征、家庭特征、认知因素、情境因素、信念因素、政策变量作为细分变量，有效地区分出 3 类群体，如表 5 – 11 所示。第二类群体占总调查样本量的比例最高，占比 42.7%，有 170 个农户；其次是第一类群体，占比 31.9%，共有 127 个农户；最后是第三类群体，占比 25.4%，有 101 个农户。将这 3 类相异的农村居民细分群体分别命名为"消极型""中间型""积极型"农村居民能源消费群体。

表 5 – 11　　　　　　　　　　聚类分析结果

	类别	N	组合（%）	总计（%）
聚类类型	1	127	31.9	31.9
	2	170	42.7	74.6
	3	101	25.4	100.0
	总计	398	100.0	—

通过聚类分析结果进一步分析三类群体在个人特征和家庭特征的异质性因素上的分布特征，如表 5 – 12 ~ 表 5 – 14 所示。

表 5 - 12　　　　　　　　三类农村居民的特征差异（分类变量）

异质性因素分类		用能类型百分比（％）		
		消极型 （N = 127）	中间型 （N = 170）	积极型 （N = 101）
性别	男	81.1	65.9	53.5
	女	18.9	34.1	46.5
婚否	已婚	77.2	81.2	56.4
	未婚	22.8	18.8	43.6
是否为村干部	是	13.4	4.7	3.0
	否	86.6	95.3	97.0
从事工作	务农	22.8	20.0	8.9
	务工	15.7	13.5	29.7
	务农兼务工	18.1	22.4	6.9
	个体工商户	11.9	24.7	11.9
	事业单位或公务员	9.4	5.3	7.9
	其他	22.1	14.1	34.7
房屋建筑材料	土房、木房	11.0	5.3	4.0
	砖房、砖木、砖土木	52.0	68.8	58.4
	混凝土房	27.6	23.5	26.7
	小区套房	9.4	2.4	10.9
购买决策者	户主	15.0	33.5	22.8
	配偶	10.2	18.2	10.9
	孩子	13.4	8.8	10.9
	共同决定	61.4	39.4	55.4
主要使用燃料	电	55.1	65.9	54.5
	沼气	40.2	27.6	44.6
	其他	4.7	6.5	1.0
是否会关注 节能省电因素	是	25.3	31.7	40.2
	否	74.7	68.3	59.8

表 5 – 13 三类农村居民的个体、家庭特征差异（有序变量）

		年龄（岁）	教育程度（年）	三代直系亲属（个）	家庭总人口（个）	家庭孩子数（个）	上学孩子（个）	打工劳动力（个）	人均年收入（元）	房子建筑面积（m²）	家庭年电费（元）	拥有耐用品（台）
均值	消极型	38.66	8.93	4.09	5.38	1.87	0.94	2.24	10292.59	222	1151.81	4.54
	中间型	36.38	9.36	4.21	5.79	2.02	1.10	2.24	9890.28	213	1164.90	4.39
	积极型	33.47	10.12	6.39	4.56	1.89	1.14	2.15	5743.11	198	999.64	4.50

表 5 – 14 三类农村居民的其他特征差异

变量		均值		
		消极型（N = 127）	中间型（N = 170）	积极型（N = 101）
认知因素	低碳知识（A03）	4.34	4.61	4.74
	环境问题认知（A04）	4.03	4.44	4.98
	低碳情感（A05）	4.03	4.34	5.24
	环境价值观及责任感（A07）	3.91	4.67	4.52
情境因素	社会规范（A06）	3.85	5.00	5.31
	宣传教育（A08）	3.60	5.00	5.56
	成本与收益（A09）	3.84	4.69	4.70
	政策法规（A10）	3.89	4.62	5.37
信念因素	行为信念（B01）	3.96	4.69	4.73
	规范信念（B02）	3.89	4.65	4.82
	控制信念（B03）	3.84	4.70	5.48

（一）消极型

有 31.91% 的被调查农村居民在平时生活中较少有合理的能源消费行为，根据表 5 – 14 中各群体的均值可以看出，第一类群体拥有的低碳知识较少，对环境问题和能源问题的认知和关注度较低，低碳情感均值低；情境因素方面，社会规范、宣传教育变量的均值都较低，说明周围人的看法和行为、传统用能观念和方式、媒体报道、宣传促销等因素对这类群体的影响不大，环境价值观及责任感均值低，低碳能源行为实施意愿较低，将这类农村居民界定为"消极型"能源消费群体。与其他两类居民相比，在这一类农村居民中，男性（81.1%）、村干部（13.4%）、平均年龄较大（38.66 岁）、务农（22.8%）和从事事业单位或公务员工作（9.4%）的比例较高，这类农户的家庭规模较大（5.38 人/户），家庭孩子数偏少（1.87 个），上学孩子数最少（0.94 个），家庭购买决策多为共同决定型，打工劳动力少（2.24 个），人均年收入均值最高（10293 元），家庭拥有耐用品较多（4.54 台）。

（二）中间型

有 42.71% 的被调查农村居民有时能够实施合理的能源消费行为，这类群体的能源知识得分较高，对环境问题的认知度较高，得分居中，持有较为积极的低碳情感，社会规范得分均值较高，但对能源和环境问题的责任感不高，只有 25.3% 的农户在购买家电时关注节能省电因素，将这类农村居民界定为"中间型"能源消费群体。相比于其他两类群体，这类居民群体的突出特征是已婚比例较高（81.2%），家庭人口较多（5.79 个），务农兼务工人员（22.4%）、个体工商户比例最高（24.7%），房屋多为砖房、砖木、砖土木材料（68.8%），户主（33.5%）或配偶（18.2%）在家庭决策中更多拥有购买决定权，家庭拥有耐用品较少（4.39 台），多选择电能（65.9%）作为主要使用材料，家庭用电消费最高（1164.90 元），人均年收入均值居中（9890 元）。由于这类农村居民在总样本中占有较高比例，因此其群体特征与整体样本特征较为一致。

（三）积极型

结果显示，有 25.4% 的农村居民经常实施合理的、低碳的能源消费行为，他们的低碳知识得分均值较高，对环境问题的认知度、关注度高，并持有积极的低碳情感，对能源和环境问题具有较强的责任感，低碳消费信念得分高，政策法规因素对其低碳能源消费行为影响大，低碳能源行为实施意愿较高，在平时能源行为中更加关注节能省电因素（40.2%），将这类农村居民界定为"积极型"能源消费群体。与另两类群体相比，在积极型农村居民中，女性（46.5%）、平均年龄较低（33.47 岁）、务工（29.7%）、更喜欢外交的农户相对较多，这类居民的家庭规模较小（平均家庭总人口为4.66人），家庭孩子数较少（1.89个），两代及多代家庭较多，家庭购买决策为共同决定型（55.4%）、户主决定型（22.8%），家庭收入较多地处于低档（均值5743元），家庭主要使用沼气能源的比例高（44.6%），家庭用电消费最低（999.64元），房子建筑面积较小（198平方米）。

第五节　政策工具对不同群体低碳能源购买行为的影响

一、模型构建与方法选择

在探索了能源消费过程中农村居民低碳行为的群体划分后，本章将研究不同政策工具对农村居民群体低碳能源消费行为的影响方式及影响程度，从理论上解释我国农村居民低碳能源消费行为对不同引导政策组合的异质反应，以探求对特定农村居民群体低碳能源消费行为的最优化引导政策。

以低碳能源购买行为为例，本节将展开第三节的实证分析，研究不同的引导政策工具对不同农村居民群体的能源消费行为的影响方式及影响程度差异。为了考察各自变量的真实作用，而不仅仅是了解自变量系数的大小，我们构建标准化的 Probit 模型，分析被调查农村居民群体对政策工具刺激的反应强度：

$$y_i = \beta_1 x_1 + \beta_2 x_2 + \beta_3 x_3 + \beta_4 x_4 + \varepsilon_i \qquad (5-2)$$

其中，y_i 为不同农村居民群体低碳能源购买行为，表现为是否有低碳能源购买行为，$x_1 \sim x_4$ 分别表示引导政策的信息工具、经济工具、行政工具、物理工具，为分类变量，在分析过程中进行变量的虚拟化处理，ε 为随机干扰项。

（一）因变量

因变量即响应频率。本章在模型中选取农村家庭购买节能家电数量作为因变量，为"1"～"7"的数值型有序分布。节能家电包含低能耗彩电、低能耗冰箱、变频空调、低能耗洗衣机、节能燃气灶、太阳能热水器、沼气炉七类，将购买了以上节能家电的行为定义为有低碳能源购买行为，并作为因变量。从表5-15可以看出，在有效样本中，消极型、中间型、积极型购买了以上节能家电的数量比例依次递增，说明低碳特征对购买节能家电行为的影响是正向的。

表5-15 不同群体农村家庭节能家电购买行为

购买数量	总样本量		消极型		中间型		积极型	
	样本量	购买比例（%）	样本量	购买比例（%）	样本量	购买比例（%）	样本量	购买比例（%）
1	20	5.0	10	7.9	6	3.5	4	4.0
2	96	24.1	38	29.9	36	21.2	22	21.8
3	131	32.9	46	36.2	59	34.7	26	25.7
4	66	16.6	17	13.4	32	18.8	17	16.8
5	59	14.8	12	9.4	21	12.4	26	25.7
6	24	6.0	4	3.1	14	8.2	6	5.9
7	2	0.5	0	0.0	2	1.2		
合计	398		127		170		101	

（二）自变量

在农村家庭低碳能源购买模型中，选取可能影响农村家庭享受型家电购买行为的政策法规变量——引导政策的信息工具、经济工具、行政工具、物理工具——为分类变量。根据本章第二节的问卷设计，政策法规变量设计了的16个题项，每个题项都描述了一种政策措施来测量被调查者的反应。在第三节的验证性因子分析中，政策法规变量删除了6个问项，共提取了4个潜在的公因子。其中，信息工具提取了1个因子，删除了A1004题项；信息工具提取了1个因子，删除了A1008题项；行政工具提取了1个因子，删除了A1009、A1010两个题项；物理工具提取了1个因子，删除了A1015、A1016两个题项（见表5-16）。

表 5 - 16 变量选取与说明

变量分类		变量说明
信息工具	x_1	低碳产品或低碳能源宣传的小册子会使我更关注低碳消费
		媒体中的低碳产品或低碳能源介绍会使我更关注低碳消费
		产品上的低碳或节能标识会促使我购买
经济工具	x_2	如果开征低碳税，我会更注意低碳消费
		如果购买低碳节能产品有税收优惠，我会选择购买
		如有政府补贴，我更愿意购买低碳节能产品（如节能家电、太阳能等）
行政工具	x_3	如果政府制定环境质量规范（如规定使用沼气、天然气、太阳能灯），我会遵循
		如果政府规定使用一些节能环保的材料（如节能灯、节能建材、节能家电等），我会使用
物理工具	x_4	我会改进我家的能源使用结构（如用太阳能、液化气、沼气等替代秸秆柴草、煤球等传统能源）
		节能灶对我很有吸引力，我会考虑使用

二、计量结果与分析

对不同农村家庭低碳能源消费购买行为影响模型进行估计，运用 SPSS 19.0 进行有序 Dprobit 回归，看哪种政策变量对哪类农村居民群体的影响更大。

通过 Probit 分析得到了关于四种政策工具对数的公共斜率，即回归系数，以及对于三类农村居民群体的三个不同截距，如表 5 - 17 所示。利用输出结果中的回归系数与截距，可得到信息工具的 Probit 回归方程：

消极型群体：Probit（P_i）= - 2.158 + 0.927 ln 信息工具

中间型群体：Probit（P_i）= - 2.242 + 0.927 ln 信息工具

积极型群体：Probit（P_i）= - 2.024 + 0.927 ln 信息工具

其他三类政策工具的 Probit 回归方程与此类似。从四种政策工具的回归系数可以看出，四种政策工具对农村居民低碳能源行为均存在正向调节作用。对比四种政策工具的作用可以发现，信息工具对农村居民低碳能源行为的引导最有效，其次是经济工具、行政工具，物理工具的作用最小。

以信息工具的回归方程为例，积极型群体的回归模型的截距最小，说明积极型群体的反馈最明显。在卡方检验结果中，平行检验的卡方值为1.353，P = 0.508，所以接受三类群体的 Probit 回归方程具有相同概率的原假设，即三条回归线平行，共同的斜率意味着在各群体中采取政策工具引导对节能家电购买概率的影响是相同的。此外，Pearson 拟合度检验卡方值为198.12，P = 1.000，拟合度高，所以接受 Probit 回归模型拟合情况良好的原假设。

表 5 – 17 参数估计值与卡方检验

政策类型	回归系数	截距				平行检验		Pearson 拟合度检验	
		消极型群体	中间型群体	积极型群体	Sig.	卡方	Sig.	卡方	Sig.
信息工具	0.927	– 2.158	– 2.242	– 2.024	0.032	1.353	0.508	198.12	1.000
经济工具	0.330	– 2.036	– 2.099	– 1.868	0.564	1.145	0.564	202.82	1.000
行政工具	0.315	– 2.032	– 2.095	– 1.857	0.612	0.265	0.876	203.01	1.000
物理工具	0.064	– 1.997	– 2.056	– 1.816	0.898	0.000	1.000	203.14	1.000

从以上分析可以看出，影响消极型、中间型、积极型群体低碳能源购买行为的政策工具存在异同点。表 5 – 18 给出了四类政策工具各类群体的相对中位数强度估计值及 95% 的置信区间。以信息工具为例，如消极型与中间型的相对中位数强度对比值为 0.516，置信区间为 0.000 到 0.874，没有超过 1，因此可以判断消极型与中间型的政策工具效果有显著的差异。其中，在消极型群体中能以较弱的信息工具作用达到中位响应概率。在三类群体中，积极型群体的反馈最明显，信息工具在积极型群体中最具有效力，与现有相关研究结论一致。

表 5 - 18　　　　　　　　相对中位数强度估计值

工具	群体间对比		95% 置信限度估计	工具	群体间对比		95% 置信限度估计	工具	群体间对比		95% 置信限度估计	工具	群体间对比		95% 置信限度估计
信息工具	1	2	0.516	经济工具	1	2	0.151	行政工具	1	2	0.129	物理工具	1	2	0.000
		3	2.863			3	153.31			3	286.55			3	1757
	2	1	1.939		2	1	6.616		2	1	7.729		2	1	3803.43
		3	5.552			3	101.31			3	221.64			3	6.677
	3	2	0.180		3	2	0.001		3	2	0.000		3	2	0.000
		1	0.349			1	0.007			1	0.003			1	0.000

注：群体 1、2、3 分别代表消极型、中间型、积极型群体。

第六节　本章小结

一、研究结论

本章从微观层面出发，结合理论探讨与现实情境，通过对当前我国特定发展阶段、特殊文化心理下农村居民群体的能源消费观念、个性心理特征异质性进行实证调查，探索在能源消费过程中农村居民低碳能源消费行为的群体划分，深入了解影响不同群体低碳能源消费行为的深层次因素及影响程度，剖析农户对于政府引导政策的反馈及认同度。

首先，农户的能源消费集中在生活能源消费，其消费种类多样化，且能源消费需求不断增加。通过对被调查农户平时生活中的电器使用习惯进行调查，推断得出被调查农户的节能意识及样本群体的用电频率分布。总体来说，农村居民对显见的能源消耗具有较强的节约意识，而对于不易见的能源消耗并没有养成好的消费习惯。

同时，通过对个别样本地区能源消费结构变化的分析可知，农户能源消费特征已经发生了改变，传统非商品能源的消费逐渐减少，高碳能源消费逐渐减少，而向商品化能源消费转化，但能源结构仍然处于转换初期，且由于家庭收入水平、受教育程度、相关群体等差异，转变方式各不相同。

其次，总体上来说，鄱阳湖生态经济区农村居民普遍对能源问题持有较为积极的低碳认知，然而环境价值观及责任感并不强，能源消费行为的实施比例一般，应该说与"资源节约型、环境友好型"社会所要求的低碳生活方式还有一定的距离。根据能源消费的行为与心理特点，可以将被调查地区农村居民分为三类：消极型、中间型和积极型。这三类能源消费群体在个人特征、家庭特征方面差异显著，具体如下：

第一，女性、年轻的、受教育程度高和家庭规模较小的农村居民更容易实施低碳能源消费行为，对环境问题具有更积极的情感和责任感。这些特征和西方学者的研究结果较为一致。在我国家庭中，女性作为家务活动的主要实施者和决定者，日常更多地从事各种能源消费行为，因而更关注节能、更善于合理地实施能源消费行为。在访谈中发现，年轻居民普遍具有较好的环保意识和更丰富的环保知识，乐于接受先进的理念和践行低碳的生活方式。此外，家庭规模小的居民多为低碳型，这主要是由于家庭规模小、人口少，更易掌控各种能源消耗，从而约束家庭成员更注重节约用能、降低生活成本。

第二，低收入家庭的农村居民多为积极型，高收入家庭的农村居民多为消极型，这一研究结论与国外学者的研究正好相反。本章发现，在我国经济快速发展的背景下，低收入家庭中的居民出于经济考虑更易于实施低碳能源消费行为，高收入家庭往往追求生活品质、舒适度、高消费，甚至过度消费，缺乏节能意识。如访谈中就有居民表示"有些（问卷中的行为）没有必要""生活品质是最重要的""不能为了节能影响生活质量"等。这说明我国农村地区部分收入较高者在一定程度上存在"超前消费""过度消费"的现象。

第三，一"老"一"小"是我国农村居民家庭能源消费中的关键角色。本章发现，家庭孩子数较多、受教育孩子数较多或三代直系亲属较多的家庭多为积极型，这些都体现了人口结构在家庭节能方面有着显著的影响，这是以往研究没有关注到的，也是极具中国农村特色的研究结果。中国社会多代家庭减少的趋势，父母对子女的生活条件、教育条件的重视，都对主流的聚居居住模式产生了影响，尤其是受过高等教育、接触新鲜事物较多的群体，大都具有良好的生活习惯和环境责任感，不但身体力行地节约资源，而且通过言传身教，潜移默化地影响着下一代。另外，家中打工劳动力较多的居民多为消极型，这主要是农村劳动力流动性增强，而流出的劳动力大多受教育程度不高，男性较多，对生活中的能源消费不精细、不重视。

最后，政策工具的意图是影响居民的能源消费进程，导致居民实施更多的亲环境行为。通过回归分析可知，不同的政策工具在影响力和效果上存在差异。

第一，四类政策工具对农村居民低碳能源消费行为均存在正向的引导作用，然而影响程度较轻，与我国政府要达到的引导居民低碳生活方式的目标尚有很大差距。

信息工具的引导干预作用最有效。通过文献综述可知，已有的研究表明信息工具是最有效的干预措施（Abrahamse et al.，2006），这与本章的分析结果一致，但信息工具倾向于导致更高的认知水平，不必然带来行为的改变和能源的节约，它的影响需要较长时间。经济工具的作用不明显，现阶段我国对居民能源消费行为的引导十分重视，经济工具的使用最频繁，多数学者认同经济激励政策的重要性，但特定的经济政策并不必然会诱发居民的低碳能源消费行为，我国政府多使用外部奖励或惩罚式的干预，忽视了对居民内在驱动力的激发，可能会出现短期效果较为显著，但长期效果不太明显，因此利用信息工具，向居民提供适时的信息反馈，会提升政策的长期效应。行政工具能有效地激励节能行为，但需要政府政策宣传并进行监管。物理工具能起到一定的效果，主要是通过推进能源设备的改进来实现，如能与惩罚性工具保持一致，效果会更显著。

第二，引导政策措施对积极型群体的反馈最明显，然后是消极型、中间型群体。节能行为的动机源主要有两种：一是自觉节能行为；二是引致节能行为。自觉节能行为来源于居民的内在动机，不需要外部经济刺激也会发生，而引致节能行为则是外部激励的结果，经济政策作用的是引致节能行为，对自觉节能行为作用不大。积极型群体的节能行为主要是自觉节能行为，因此相对其他两类群体来说，积极型群体能够在较弱的政策工具下达到节能引导效果，而另两类群体则需加强政策措施的引导与干预。

二、管理启示

我国已经开展了一系列与能源消费和环境保护相关的立法，同时各地方政府也制定了相应的实施细则，但是，目前我国的能源消费管理政策较多运用行政工具，而较少运用经济工具，信息工具、物理工具的企业和民众的参与度也较低。而且现有的政策措施较多针对产业层面和企业行为，缺乏针对居民行为的引导政策。为此，本章根据聚类分析划分出的农村居民低碳能源消费群体的特点，结合第三节四种政策工具对低碳能源消费行为影响分析结果，从前置策略（产生行为之前）、反馈策略（行为实施之后）及调整策略等方面为政府提出了引导我国农村居民低碳能源消费行为的政策建议，为企业拓展了引导农村居民低碳消费的营销思路。

（一）加强前置策略

1. 加大低碳信息和节能建议宣传力度

公众意识到了保护环境、节能减排的重要性后，还需要了解如何改变能源消费方式，因此需要事前影响消费者环境态度、环境价值观及低碳知识进而影响其能源消费行为。对于农村居民来说，其社交距离更短，被群体认可的需要是诱发行为的强有力动机，因此政府更要采取多种形式开展低碳节能教育活动，增强低碳节能意识，普及低碳节能技术和方法。农村居民对政府提供的信息来源的信任程度高，对基于人际关系的推荐也比节能宣传更加信任，宣传效率也会更高（Stern，1984）。企业可以充分利用意见领袖的作用，树立低碳能源消费榜样，进行低碳产品信息宣传。

2. 政府、企业表率，建立低碳目标预设机制

自我设定的目标在减少能源使用上最为有效（McCalley et al.，2002），但社会和个人的因素、能源节约目标水平也会对设定的能源节约目标的接受产生影响（Cameron et al.，1998）。综合以上研究，政府表率对社会消费行为的影响非常显著，因此政府部门和企业应该设定能够达到的能源消费目标，通过低碳产品采购、践行低碳消费方式等起到表率作用，作为一个参照群体，不仅可以发挥信息性影响，也可发挥规范性影响和价值表现影响，使居民形成低碳能源消费的社会规范。引导农户根据个体或家庭能源消费能耗量设定一个具有可达性、难度适宜的行为改变目标或能源消费目标，进而形成低碳能源消费行为。

（二）完善反馈策略

1. 建立多形式综合的用能信息反馈制度

目前的研究表明，信息反馈是最有效的干预措施，特别是频繁的、与节能目标结合的反馈（Abrahamse et al.，2007）。各级政府可以考虑建立直接

反馈（通过能源显示器、电脑等即时获得能源消费信息）、间接反馈（通过账单或其他方式获得的能源消费信息）、无意识的反馈（社区项目）和效用控制反馈（智能电表）相结合的信息反馈制度，以及时的、持续的、频繁的、具体的反馈信息干预消费者的能源消费行为，促使能源节约。

2. 建立多层次、广内涵的低碳激励机制

"多层次"表现在激励对象上，从原来以较大规模企业激励为主转向包含大中小企业、家庭和个人节能的层级型经济激励机制。通过政府及非政府组织（NGO）提供回报以鼓励消费者实施节能行为，巩固节能型生活方式。

"广内涵"表现在激励方式上。为避免只有激励发生时能源行为才会短期改变却不能长期维持的现象，应以多样的激励方式弱化激励的短期效应，结合正向激励（具有软约束力的补贴、减税）、反向激励（罚款、提高价格等）和限制激励（强制性规定）三种方式鼓励居民节能行为。

（三）调整结构策略

1. 制定法规政策，完善能源管理机制

以政府为核心，在国家和地方层面上分级设置，鼓励民间力量参与。政府机构负责政策、规范等的制定发布和政策实施的监管，负责相关统计数据的采集与管理；非政府组织在政府指导下开展政策实施及效果的跟踪、评估、宣传等工作，形成有层次、覆盖广、有跟踪、有评估的管理体系。

2. 设立特别基金，开展能源消费审计

能源审计是一种由能源供应公司、专门机构或者能源专家提供，给予最终消费者个性化、专业化又简单明了的低碳消费信息和建议的节能方法。其提供的建议比一般的低碳消费建议更有效果（Winett et al. , 1985），进行了能源审计的家庭能够大大减少能源使用。就我国现状来看，在广大农村地区推广能源审计干预措施的可行性较低，但可以走"城市包围农村"的策略逐步推广。

3. 提供节能产品或服务，实施产品节能分级定价

应根据我国国情和发展现状，不断地进行政策创新、产品创新和服务创新。如强制推广新建住房的节能材料和低碳技术，同时积极推进住宅采暖供热设施的改良，有计划地推动已有住宅的节能改造等。在强制性节能产品推广的基础上，实施产品节能等级认证和定价制度，让消费者在购买时对产品的节能性能有明确的认知，从而达到有效引导消费者需求和购买选择行为的目标。

第六章

引导政策对农村居民低碳能源
使用行为的影响研究

第一节　引　　言

城镇化提升了我国农村地区的发展水平，但是传统的经济发展模式仍然存在，目前我国农村使用的能源主要是利用率低、会带来严重污染的生物能源，如煤炭、干草、牲畜粪便等，导致环境持续恶化。党中央和国务院为了减缓环境恶化和能源紧缺的趋势并实现节能减排，制定了一系列节能减排计划和目标。2009 年，国家制定了鄱阳湖生态经济区战略，批复了《鄱阳湖生态经济区规划》，随后南昌和景德镇分别在 2010 年和 2012 年成为低碳试点城市。因此，我们应该重视对居民低碳能源使用的引导，以实现节能减排并有效抑制环境持续恶化。

目前，我国主要运用经济方面的政策来引导农村居民对低碳能源的使用，如购买节能设备和建设农村沼气的补贴、太阳能下乡等。大多数学者都认为经济政策能够有效激励和约束居民低碳能源使用行为，但是也有部分学者通过研究发现经济政策是无效的。另外，由于社会心理的差异，不同的农村居民群体在政策实施效果上表现出异质性，如果在研究过程中忽视了这种异质性，那么对于政策实施效果的认识将会大打折扣。因此，我们需要结合我国特定发展阶段，以社会心理学为基础将农村居民划分为不同的群体，开展农村居民低碳能源使用和政策实行效果研究，为政府部门发掘农村居民群体节能减排潜力并为其制定政策提供参考和依据。

第二节　描述统计与因子分析

一、描述统计

低碳能源使用行为的主要目标是减少二氧化碳的排放，包括对低碳产品、绿色能源、节能家电等的日常使用。问卷中低碳能源使用行为实施（C2）总共包括14个题项。

从表6-1可知，接近半数的农户家里只有一台节能家电（47.0%），有23.2%的农户购买了2台节能家电，而购买了3台节能家电的农户占比是19.7%。家里使用沼气的农户只有23.5%，表明在受访者家庭中沼气的普及率较低。使用太阳能热水器的农户为207户，占总数的55.9%，说明在鄱阳湖生态经济区内太阳能热水器还是比较普及的。在使用沼气的家庭中，经常使用和偶尔使用的农户家庭不到总数的3/4，在已有太阳能热水器的家庭中，经常使用的占66.7%，中等使用频率的农户占总量的比例为31.9%，太阳能热水器的使用数量还是比较大的。

表6-1　　　　　　　　　农户低碳能源使用行为实施分析

	选项	频数	频率	有效百分比（%）	累计百分比（%）
已购买节能家电数量	0	4	1.1	1.1	1.1
	1	174	47.0	47.0	48.1
	2	86	23.2	23.2	71.4
	3	73	19.7	19.7	91.1
	4	30	8.1	8.1	99.2
	5	3	0.8	0.8	100
是否用沼气	0	283	76.5	76.5	76.5
	1	87	23.5	23.5	100

续表

	选项	频数	频率	有效百分比（%）	累计百分比（%）
使用沼气频率	1	22	25.3	25.3	25.3
	2	38	43.7	43.7	69.0
	3	27	31.0	31.0	100
是否使用太阳能热水器	0	163	44.1	44.1	44.1
	1	207	55.9	55.9	100
使用太阳能热水器频率	1	3	1.4	1.4	1.4
	2	66	31.9	31.9	33.3
	3	138	66.7	66.7	100

注：关于节能设备、能源的使用与否中，"0"表示不使用，"1"表示使用，使用频率中"3"表示高使用频率，"2"表示中等使用频率，"1"表示低使用频率。

如表6-2所示，大部分农村居民在看电视或者用电脑时都会调低屏幕的亮度，做饭时会经常调节火苗的大小，并且不用液化气时也会关掉阀门，不看电视时会直接关闭电视开关，而不是用遥控器开关，电器不使用时，极大部分的农户也会关闭电源，在离开房间时也是随手关灯，断电时会直接关掉排插，这些都是极好的电器使用习惯。但是对于某些方面，比如说平时是否会拔插头和对于洗澡时间的控制都没有给予经常性的注意，尤其是一天以上没人在家时大部分人根本就不会关掉总电闸，这些坏习惯都对低碳能源的使用存在威胁甚至也存在安全隐患。

表6-2　　　　　　　　　个人的电器使用习惯

行为	选项	频数	频率	行为	选项	频数	频率
用电视、电脑时调低屏幕亮度	1	104	28.2	洗澡时间的控制	1	91	24.6
	2	133	35.9		2	159	43.0
	3	133	35.9		3	120	32.4
做饭时调节火苗大小	1	71	19.2	断电时关掉排插	1	84	22.8
	2	138	37.3		2	143	38.6
	3	161	43.5		3	143	38.6

续表

行为	选项	频数	频率	行为	选项	频数	频率
不用液化气时关掉阀门	1	52	14.0	一天以上没人时关掉总电闸	1	147	39.7
	2	102	27.6		2	136	36.8
	3	216	58.4		3	87	23.5
平时拔插头的习惯	1	53	14.3	离开房间时随手关灯	1	40	10.8
	2	166	44.9		2	83	22.4
	3	151	40.8		3	247	66.8
关电视时关闭电视开关而非用遥控器关闭	1	60	16.2	电器不使用时关闭电源	1	38	10.3
	2	144	38.9		2	131	35.4
	3	166	44.9		3	201	54.3

注:"3"表示经常,"2 表示"偶尔,"1"表示很少。

二、因子分析

用主成分分析法提取公因子,按照固定提取公因子个数的原则对政策法规变量进行因子分析,然后以旋转的最大方差法进行旋转,最后按大小排序和取消小系数的方法输出旋转后的因子载荷,同时输出能够用来描述提取出的成分表示了多少的原有信息的方差贡献率。

政策法规里总共有四个变量:信息工具变量、经济工具变量、行政工具变量和物理工具变量,即政策法规变量为分类变量。对这四个变量进行因子分析,提取因子。

信息工具变量共有三个题项,采用固定提取一个公因子的原则进行因子分析。信息工具的三个题项的 KMO 的值为 0.602,同时 Sig. 值为 0.000,适合进行因子分析。提取出一个公因子,累计贡献率为 58.604%,信息工具变量的因子载荷在 0.633 ~ 0.834 之间。

经济工具变量共有两个题项,同样采取固定提取一个公因子的原则进行因子分析。结果表明经济工具可以进行因子分析。从经济工具两个题项中提取出一个公因子,累计贡献率为 64.386%,经济工具变量的因子载荷等于 0.802。

行政工具共有四个题项,采取固定提取一个公因子的原则进行因子分析。KMO 值的检验结果显示，KMO 的值等于 0.540，Sig. 值等于 0.000，表示经济工具变量适合进行因子分析。提取出一个公因子，并在因子分析过程之后删除了 2 个题项，剩余了 2 个题项，累计贡献率为 40.617%，行政工具变量的因子载荷在 0.658~0.736 之间。

物理工具总共有四个题项，同样固定抽取一个公因子。KMO 的检验结果为 0.609，Sig. 值为 0.000，表明物理工具变量适合进行因子分析。提取出一个公因子，并删除一个题项，剩余 3 个题项，累计贡献率为 45.573%，物理工具变量的因子载荷在 0.586~0.745 之间。

第三节　农村居民低碳能源使用行为聚类分析

农村居民个体对象在能源使用过程中都会表现出不同的特点：主动使用，别人用自己也用，先观望一下再决定等。因此，本章在研究过程中以市场细分为基础对农村居民的低碳能源使用行为进行划分，将其分为几个内部使用行为同质但外部具有不同特征的群体，分析群体内部成员的同质性以及群体间的异质性，以具体掌握农村居民的低碳能源使用行为特征。

一、模型构建

先确定聚类分析的方法，运用组间平均距离连接法公式得出群体间的距离。

$$D(p, q) = \frac{\sum\limits_{i \in G_p} \sum\limits_{i \in G_q} d_{ij}}{i \times j} \qquad (6-1)$$

式中，观测值的个数用 G_p 表示，观测变量的个数用 G_q 表示。

本章模型中的变量包括个体特征、家庭特征和行为实施。由于这些变量中既有分类变量又有连续变量，所以采用两阶段聚类分析法，探讨在聚类分析后各个群体之间对于低碳能源使用行为的异质性。

二、结果分析

以行为实施中的"您家使用的灯具是节能灯吗"作为鄱阳湖生态经济

区内农村居民的行为变量，以个人和家庭的特征作为人口统计学变量，在 SPSS 22.0 中选择两步聚类法，指定 3 个聚类数量，对收集到的 370 份数据进行分析。

将个人特征和家庭特征的 7 个无序变量和行为实施中的"您家使用的灯具是节能灯吗"放进分类变量，人口统计学变量中的剩余变量放入连续变量中，然后对连续变量进行标准化。以行为实施、个人特征、家庭特征等细分，准确地分出了 3 类群体，如表 6 - 3 所示。其中第一类群体有 114 个，占调查样本总量的 30.8%；第二类群体的数量有 93 个，占调查样本总量的 25.1%；最后是第三类群体，该群体的数量最大，有 163 个，占调查样本总量的 44.1%。对这 3 类聚类分析出来的具有群体内部同质性、外部异质性的群体，我们分别命名为"积极型""中间型"和"消极型"农村居民能源使用群体。

表 6 - 3 两步聚类结果

	类别	S（数量）	百分比（%）
聚类类型	1	114	30.8
	2	93	25.1
	3	163	44.1
总计		370	100.0

进一步分析聚类结果，了解各类群体的个人和家庭变量的分布情况。如表 6 - 4 和表 6 - 5 所示。

表 6 - 4 三类群体的农村居民分类变量特征差异

变量	选项	3 种类型的占比（%）		
		积极型（S = 114）	中间型（S = 93）	消极型（S = 163）
性别	男	53.5	64.5	79.8
	女	46.5	35.5	20.2
婚姻状况	已婚	23.7	96.8	96.9
	未婚	76.3	3.2	3.1

变量	选项	3 种类型的占比（%）		
		积极型（S＝114）	中间型（S＝93）	消极型（S＝163）
从事的工作	务农	0.0	24.7	28.9
	务工	18.4	20.4	15.3
	务农与打工	3.5	17.2	28.9
	个体	14.9	28.0	14.7
	事业单位或公务员	7.0	6.5	8.0
	其他	56.2	3.2	4.2
房子建筑材料	土房、木房	5.3	6.5	9.2
	砖房、砖木房、砖土木房	64.8	55.9	65.7
	混凝土房	13.2	36.5	23.3
	小区套房	16.7	1.1	1.8
是否是村干部	是	3.5	10.8	7.4
	否	96.5	89.2	92.6
购买决策者	户主	10.5	26.9	23.9
	配偶	4.4	16.1	19.0
	孩子	0.0	8.6	9.8
	共同决定	85.1	48.4	47.3
主要使用燃料	电	40.4	0.0	8.0
	天然气	21.9	91.4	0.0
	沼气	1.8	8.6	0.0
	其他	35.9	0.0	92.0
您家使用的灯具是节能灯吗	是	79.8	57.0	25.2
	否	20.2	43.0	74.8

表6-5　　　　　　　　　三类群体的农村居民有序变量特征差异

		年龄（岁）	上过几年学（年）	总人口数（户）	家庭孩子数（个）	直系亲属户数（个）	打工劳动力（个）	人均年收入（元）	房子建筑面积（平方米）	家庭年电费（元）	拥有耐用品（台）
均值	积极型	25.25	11.86	5.13	1.90	7.15	2.42	13772	176	1301.75	4.25
	中间型	40.41	8.69	5.41	1.97	4.28	1.85	19306	254	1090.32	5.09
	消极型	42.44	7.85	5.57	2.04	6.88	2.21	13726	216	1156.60	4.31

（一）积极型

调查结果显示，鄱阳湖生态经济区内只有30.8%的农村居民有较显著的低碳行为，如表6-4和表6-5所示，各个变量对该类农村居民的低碳能源使用行为都有极大的影响。这类农村居民低碳能源实施行为意愿较高，大部分的家庭使用的是节能灯具（79.8%），他们的平均年龄较小（25.25岁），多是务工（18.4%）或者是干其他类型的工作（56.2%），且更加喜欢与周边的居民交往，总计有64.8%的这类农户的家庭住房是砖房、砖木、砖土木房。"积极型"农村居民群体的家庭规模都比较小（平均每个家庭总人口为5.13个）、家庭孩子数量也比较少（平均每家1.90个小孩），在直系亲属方面，三代以内的亲戚较多（平均每家三代以内的直系亲属7.15个），对于家庭中1000元以上的大件物品的购买大多数都是家庭成员共同决定（85.1%），家庭收入大部分处于中低下水平（均值为13772元），家庭里面一般都是使用电这种清洁能源（40.4%），所以各户家庭用电的费用最高（平均值使用电费为1301.75元），房子建筑面积较小（176平方米）。

（二）中间型

调查结果显示，鄱阳湖生态经济区内25.1%的农村居民对低碳能源使用的意愿处于中间水平，即有时采取低碳能源使用行为，但有时不采取。各变量对这一群体的影响也没有对"积极型"能源使用群体的大，其节能灯具的使用程度也没有"积极型"群体的高。这类居民的显著特点为已婚人士较多（96.8%），家庭人口居中等水平（平均每个家庭5.41人），每个家庭的孩子数也不多（每个家庭平均1.97个孩子）。"中间型"能源使用群体大多数在家中种田地（24.7%），或者在家中开个小商店，作为个体工商户（28.0%）。这类家庭大件物品的购买决策者为户主（26.9%），但更多的还是共同决定（48.4%）。在能源使用方面，因为这类农户家庭人均可支配收入最高（平均每个家庭人均可支配收入为19306元），所以，这类家庭主要使用的是天然气这种费用较高的燃料（91.4%），同时也有少量家庭使用沼气（8.6%），因为这类农村居民中用电的不多，所以每户家庭的电费最低（1090.32元），住宅面积处于最高水平（住宅面积平均为254平方米）。这类居民的各项指标与普通大众的水平差不多，所以，"中间型"农村居民使用群体特征与样本整体基本一致。

（三）消极型

问卷调查结果显示，鄱阳湖生态经济区44.1%的农村居民平时根本不会注重低碳能源的使用，这些农户家中对节能灯具的使用程度最低（25.2%）。在这类居民群体中，男性占的比例最大（79.8%），同时也是已婚的人数最多（96.9%），且村干部的占比也比较大（7.4%），这类居民群体的年龄水平最大（42.44岁），从事的工作可能是务农，或者是务农兼打工（28.9%）。与其他两类农村居民群体的住房材料差不多，也是砖房、砖木、砖土木的房子最多（65.7%），另外这类群体在混凝土房的比例也挺大（23.3%）。"消极型"农村居民能源使用群体的家庭规模比较大，平均每个家庭为5.57个人口，且家里的孩子数也最多（2.04个），购买大件商品时，家庭人口共同决定（47.3%），或由户主决定（23.9%），这类群体的打工劳动力人数是比较居中的（平均每个家庭2.21个），所以相比较于其他两类的农户，人均年收入处于最低水平（13726元），家里拥有的耐用品处于中等（4.31台），居住的房子面积平均水平为（216平方米）。

第四节　政策工具对不同群体低碳能源使用行为的影响

一、模型构建与方法选择

在对调查样本农户进行了聚类划分之后，本节将进一步研究不同的政策工具（信息工具、经济工具、行政工具、物理工具）是否会对鄱阳湖生态经济区内的农村居民低碳能源使用行为产生影响，如有影响，各类工具的影响程度和效果如何，从理论上解释我国农村居民的低碳能源使用行为对不同引导政策组合的异质反应，以探求对特定农村居民群体低碳能源使用行为的最优化引导政策组合，为国家制定低碳节能的政策提供参考和依据。

构建如下模型以便了解四类政策工具变量的真实效果：

$$U_i = \alpha_1 x_1 + \alpha_2 x_2 + \alpha_3 x_3 + \alpha_4 x_4 + \varepsilon_i \qquad (6-2)$$

其中，U_i 为不同农村居民群体的低碳能源使用行为，用 0 和 1 来表达，其中 0 表示"未有使用行为"，1 表示"有使用行为"。$x_1 \sim x_4$ 表示政策中的信息工具、经济工具、行政工具、物理工具，ε 为随机数。

（一）因变量

因变量为低碳能源使用行为，即公式（6-2）中的 U_i。使用行为表现在很多方面，比如"是否会用沼气""是否会考虑低碳节能设计""是否使用了节能灯"等，本章在模型中选取"您家使用的灯具是否是节能灯"作为因变量，因变量在数值的选择上为 0 和 1，0 表示使用的灯具不是节能灯，1 表示使用的灯具是节能灯，具体描述见表 6-6。以使用的灯具是否为节能灯具作为有低碳能源使用行为的判断标准。

表6-6　　　　　　　　不同群体家庭节能灯具使用情况

行为实施		总体		积极型		中间型		消极型	
	选项	样本量	所占比例（%）	样本量	所占比例（%）	样本量	所占比例（%）	样本量	所占比例（%）
您家使用的灯具是否是节能灯	1	185	50.0	91	79.8	53	57.0	41	25.2
	0	185	50.0	23	20.2	40	43.0	122	74.8
合计		370		114		93		163	

（二）自变量

在鄱阳湖生态经济区农村居民低碳能源使用行为模型中，自变量为可能影响农村居民低碳能源使用行为的政策法规变量中的引导政策的四类工具，具体变量说明如表 6 – 7 所示。

表 6 – 7　　　　　　　　　　变量选取与说明

变量分类	变量说明（参见附录 1 调研问卷的 A10 部分）
信息工具 X₁	A1001
	A1002
	A1004
经济工具 X₂	A1005
	A1008
行政工具 X₃	A1010
	A1012
物理工具 X₄	A1013
	A1015
	A1016

二、计量结果与分析

对不同的农村居民群体的低碳能源使用行为进行模型分析，运用 SPSS 22.0 进行二元 Logistic 回归，分析哪一类政策工具对低碳能源使用行为有影响且哪类政策的影响效果最佳。

在人口统计变量中选出四个控制变量和自变量一起进行回归分析，对得出的回归结果进行分析。

（一）积极型

如表 6 – 8 所示，经济工具、行政工具和物理工具都对"积极型"农村居民有影响，其中，行政工具具有负向作用，经济工具和物理工具具有正向的促进作用。

表6-8 积极型农村居民群体回归结果

变量	B	Wald	显著性
性别	24.153	0.000	0.995
年龄	−0.353***	8.424	0.004
总人口	1.212*	3.259	0.071
孩子数	−1.271*	3.453	0.063
信息工具	−0.375	2.538	0.111
经济工具	1.056**	5.862	0.015
行政工具	−1.270***	6.691	0.010
物理工具	0.377*	2.999	0.083
常量	−17.105	0.000	0.996

注：*、**、***分别表示在10%、5%、1%的统计水平上显著。

（二）中间型

如表6-9所示，所有的政策工具都对"中间型"农村居民群体有作用，其中除了行政工具有负向作用外，其他工具对该类农村居民群体都有正向调节作用。

表6-9 中间型农村居民群体回归结果

变量	B	Wald	显著性
性别	7.423***	10.433	0.001
年龄	−0.488***	10.187	0.001
总人口	−0.581	1.627	0.202
孩子数	0.496	0.546	0.460
信息工具	0.616**	5.153	0.023
经济工具	0.913***	7.912	0.005
行政工具	−1.128**	4.447	0.035
物理工具	0.350*	3.171	0.075
常量	1.650	0.134	0.714

注：*、**、***分别表示在10%、5%、1%的统计水平上显著。

（三）消极型

如表 6 - 10 所示，只有信息工具和经济工具对"消极型"农村居民群体有较为显著的影响，且都是正向影响。

表 6 - 10 消极型农村居民群体回归结果

变量	B	Wald	显著性
性别	5. 141 ***	23. 512	0. 000
年龄	- 0. 282 ***	24. 519	0. 000
总人口	- 0. 086	0. 239	0. 625
孩子数	0. 185	0. 138	0. 710
信息工具	0. 219 **	3. 955	0. 047
经济工具	0. 378 ***	7. 226	0. 007
行政工具	- 0. 164	1. 422	0. 233
物理工具	- 0. 136	1. 174	0. 279
常量	- 0. 873	0. 185	0. 667

注：* 、** 、*** 分别表示在 10% 、5% 、1% 的统计水平上显著。

从四种政策工具的回归系数可以看出，信息类政策工具对"中间型"和"消极型"都有正向的调节作用，经济类政策工具和物理类政策工具对"积极型"能源使用群体都有正向的调节作用，但是行政类政策工具对低碳能源使用行为具有反向的调节作用，而经济类政策工具对低碳能源使用行为都具有正向的调节作用。

以经济政策为例，分析该类政策对哪个群体的影响效果最佳。经济类政策工具对"积极型""中间型"和"消极型"能源使用群体都具有正向的调节作用，从经济类政策工具对 3 类农村居民消费群体的回归结果来看，对"消极型"能源使用群体的影响效果最大，然后是"中间型"，最后才是"积极型"。

政策工具的意图是通过影响农村居民的低碳使用行为，从而带来更多的亲环境行为。通过回归分析结果可知，不同政策工具的影响效果不同，同一政策工具对不同群体的低碳能源使用行为的影响效果也不一致。

政策工具对农村居民都存在着一定的影响效果。经济工具对所有农村居民群体的干预都是正向的，即如果政府对农村居民实行低碳能源补贴或者优惠，农村居民群体都会乐意使用低碳能源。从经济政策工具和行政政策工具的影响效果来看，这两种工具对"消极型"能源使用群体的影响效果最为显著，接着是"中间型"，最后才是"积极型"。而行政工具对农村居民群体都有一定的反向作用效果，结合农村居民的社会心理进行解释，可能由于农村居民的逆反心理，对行政工具的干预存在某些抵抗性的行为从而导致行政类政策的反向影响效果。而物理工具和信息工具都只是对部分群体产生效果。

第五节　本章小结

一、研究结论

本章内容首先通过问卷调查，对鄱阳湖生态经济区内农村居民低碳能源使用情况的现状进行了描述；其次，利用聚类分析把农村居民低碳能源使用行为划分为消极型、中间型和积极型三类，并深入探讨了群体间低碳能源使用行为的差异性，以及同一群体内部低碳能源使用行为的相似性；最后，通过回归分析探讨了不同政策对农村居民低碳能源消费群体的影响方式和影响效果，取得了以下研究结论：

第一，从描述性分析结果来看，在鄱阳湖生态经济区内，几乎所有的农户家庭都拥有一台以上的节能家电，表明在该区域内节能家电的普及率很高，但不同低碳能源的普及程度存在较大差异，如沼气的普及率较低，而太阳能热水器的普及率较高。从使用行为上看，沼气的使用频率偏低，这可能与沼气供应的季节性有关，而太阳能热水器的使用频率较高，且该区域内大部分的农村居民都具有较好的低碳能源使用习惯，如调低家电的屏幕亮度、随手关闭电源、随手关灯等，但有些不节能的使用习惯需要进一步改善，如拔插头、控制太阳热水器的使用时间等。

第二，从聚类分析的结果来看，根据个体特征、家庭特征及行为实施的不同，可以将农村居民的低碳能源使用行为划分为积极型、中间型和消极型三类，这三类群体在个人特征、家庭特征等方面具有较大差异。积极型群体在个体上表现为女性、年轻化、受教育程度较高、从事非农工作等特征，在家庭上表现为家庭规模较小、孩子数及上学孩子数较少等特征，女性农村居民会表现出更强的低碳能源使用行为。中间型群体在个体上表现为已婚、中年化、受教育程度偏低、从事农业或兼业等特征，在家庭上表现为家庭规模较大、孩子数或上学孩子数偏多、住宅面积较大等特征。消极型群体在个体上表现为男性、已婚、受教育程度低、务农等特征，在家庭上表现为家庭规模大、孩子数较多、家庭收入较低等特征。

第三，政策工具对不同的农村居民群体有不同的影响。经济工具对三类群体的低碳能源使用行为均具有正向的调节作用，但作用大小存在差异，对消极型群体的作用效果最大，其次是中间型，而对积极型群体的作用效果最小。行政工具仅对低碳群体产生显著的负向影响，而对中间型和消极型群体没有显著影响。信息工具会对中间型和消极型群体产生显著的正向作用，但对积极型群体的作用不明显。物理工具会对积极型和中间型群体产生显著的正向影响，但对消极型群体的影响不显著。

二、管理启示

本章的研究结论对于了解我国农村居民的低碳能源使用行为具有借鉴意义，对制定有针对性的政策具有一定的启示意义。

第一，改善农村市场能源结构，降低农户低碳能源使用成本。从我们的研究结论来看，目前农村地区使用低碳能源的成本偏高，低碳能源的可获得性不强，导致农村居民对低碳能源的使用率偏低。从政府角度来看，一方面，可以通过改善农村的能源市场，拓宽农村居民对低碳能源的获取渠道，降低其获得低碳能源的成本，减少农户对干草、薪柴等污染严重能源的使用；另一方面，加大对农村低碳能源的补贴力度，如沼气池建设补贴、太阳能家电补贴等，鼓励农村居民增加对沼气、太阳能、天然气等清洁能源的使用。

第二，对不同农村居民群体采取不同的政策工具组合。在对积极型、中间型及消极型群体使用经济政策的同时，可以采取分类指导的原则，对于积极型群体辅以物理工具，中间型和消极型群体辅以信息型工具，以全面提升农村居民对低碳能源的使用。而对于不同特征的农村居民,亦可以采取差异化的措施,如对于女性农村居民,由于她们是农村能源的使用主体,政府针对此类群体的能源使用情况,定制易于她们理解的、简单易行的节能方法。对于受教育程度高的农村居民,可以利用他们对环境知识的了解以及对环境保护的关注,发挥他们在农村居民中的示范效应,间接培养农村居民的能源使用规范、树立正确的能源使用价值观和责任感。

第三,加大低碳环保宣传教育力度,增强农户的节能意识。本书发现,农村居民对低碳能源的相关知识了解不足,因此,政府部门应该在农村地区加大低碳能源使用方面的教育和宣传,如在农村的显眼处或者大部分农户的必经之地贴上关于低碳能源使用的宣传标识。此外,宣传也要具有针对性,如对不同年龄段的农村居民采取不同的宣传方式,对年纪大的农村居民可以进行入户宣传,对年轻的农户便可以采取讲座、座谈会等方式进行宣传,以便提升农户对低碳能源的认知,进而增加对低碳能源的使用。

第七章

农村居民太阳能热水器采纳决策
及其影响因素研究

第一节 引 言

我国的太阳能资源非常丰富，年均太阳能发电潜力预计为 2000 万亿千瓦时，如果以 15% 的利用率使用其中的 1%，可以为全球提供电能 18 个月。在诸多的太阳能技术（如太阳能热水器、太阳能加热和制冷系统、太阳能光伏系统等）中，太阳能热水器在低碳社会转型过程中扮演者重要角色。由于在供给侧得到政府的低息贷款、退税等产业政策支持，以及在需求侧的政府购买补贴，我国的太阳能热水器占据了全球 70.6% 的市场份额，而美国和加拿大仅占不到 5%。农村能源协会预计到 2020 年我国农村太阳能热水器的总装机能力将达到 6.75 亿平方米，这意味着有超过 60% 的农村家庭将会使用太阳能热水器（Huang，2016）。然而，从均量上来看，截至 2013 年底，我国太阳能热水器的每千人居民节电能力仅为 194.3 千瓦时，远远低于澳大利亚（385.2 千瓦时）、以色列（373.8 千瓦时）及希腊（271.5 千瓦时）等国家。另外，我国农村居民对热水的需求量不断上升，调查显示有 90% 的农村受访者称在日常生活中他们需要更多的热水（Han and Mol et al.，2010）。鉴于丰富的太阳能资源及农村居民对热水的巨大需求，继续推动农村地区太阳能热水器的普及和使用，对于应对不断恶化的生态环境和能源短缺具有重要的现实意义。

　　然而，我们的调查数据显示仅有56%的农村居民安装了太阳能热水器，而且其中有超过1/3的居民表示他们使用太阳能热水器的频率比较低。因此，我们不仅需要知道农村居民是否愿意安装太阳能热水器，还要了解他们是如何使用的。农村居民在决定是否安装或如何使用太阳能热水器时，会对此进行成本和收益的评估。除了政策（如购买补贴）会影响他们的决策外，其他一些因素，如居民的人口学特征、居民的感知和态度、家庭特征、地理因素，也会影响他们的决策。为了更好地探明农村居民太阳能热水器的采纳和使用决策，本章采用二阶段序列决策模型（sequential decision model）分析农村居民采纳和使用太阳能热水器的决定因素，以期为政府相关部门采取有效措施进一步提升农村居民太阳能热水器的采纳及使用率提供借鉴和参考。

　　有大量的研究文献探讨了农村居民对新技术或新知识的采纳行为（方松海、孔祥智，2005；杨传喜等，2011；Bergtold and Duffy et al.，2012；赵连阁、蔡书凯，2012；Noll and Dawes et al.，2014；高瑛等，2017）。有些文献具体识别了农村居民新技术或新知识采纳的影响因素，如彭新宇（2007）通过研究发现，农户沼气技术采纳行为会受到畜禽废物和畜禽健康认知、是否参加畜禽养殖协会、是否获得政府补贴等变量的正向影响；赵连阁和蔡书凯（2012）在分析农户采纳有害生物综合治理（Integrated Pest Management，IPM）技术时指出，农民田间学校能显著促进农户IPM的采纳程度；而储成兵（2015）则利用Double – Hurdle模型分析发现，农户文化程度、环境保护意识、参加IPM培训等因素可以显著促进农户对IPM技术的采纳。另一些文献分析了农村居民对新技术或新知识的支付和采纳意愿，如米松华等（2014）认为农户气候变化认知、技术示范、农技推广服务、信贷的可获得性等因素会显著影响农户对低碳减排技术的采纳意愿和采纳数量；杨唯一和鞠晓峰（2014）基于博弈模型和传播模型分析发现，交流收益是决定农户技术采纳行为能否发生羊群效应的重要因素，且交流范围和交流成本对农户的技术采纳行为亦有重要影响；朱月季等（2014）的仿真研究表明，互动学习是农户采纳新技术的推动力量，而旧的社会规范会减缓新技术的采纳和扩散过程。

　　然而，具体探讨农村居民太阳能热水器采纳行为的研究文献则比较有限。本利（Benli，2016）基于土耳其的研究发现，经济条件、区域人口、气候特征及太阳能热水器的价格会影响居民的采纳行为；常等（Chang et al.，2008）基于中国台湾地区的分析，认为除了太阳能热水器的价格及能源价格以外，气候特征、人口结构、城镇化、建筑类型等也会对居民的采纳行为产生重要影响；韩等（Han et al.，2010）在研究中国农户太阳能热水器的使用行为时指出，基础设施、使用效应、环境及社会特征都会影响农户的使用行为；王火根和李娜（2016）则基于 1500 个农户的调研数据，研究发现家庭收入、村经济发展水平、薪柴可获得性会对农户是否采纳太阳能热水器产生显著影响。

从以上文献分析可以看出，虽然最近几年我国农村太阳能热水器的发展受到学者们越来越多的关注，但大部分学者仅探讨了农村居民太阳能热水器的采纳决策或是使用决策，而没有把两个决策阶段统一起来考察。由于采纳和使用属于决策过程中的两个不同阶段，影响两个决策的因素可能也会存在差异，因此，我们需要构建出一个二阶段序列决策模型来分析农村居民采纳和使用太阳能热水器的决定因素。

第二节　模型构建

目前，有几种计量模型可以用来识别决定居民太阳能热水器采纳行为的决定因素。最常用的是离散选择模型（discrete-choice model），比如 Logistic 模型和 Probit 模型，把采纳决策界定为一个二分变量（是或否）。离散选择模型可以很好地考察有哪些因素及它们将如何影响居民是否采纳太阳能热水器。然而，当决策变量是程度变量时，即我们想考察居民采纳太阳能热水器以后的使用行为（使用水平），Tobit 模型则更加合适。因此，有很多学者利用 Tobit 模型来分析农村居民的技术采纳决策（Moser and Barrett，2006；Liu et al.，2008；Awotide et al.，2016；朱红根等，2016）。但是 Tobit 模型是一种限定模型，它要求采纳决策和使用决策具有相同的决策机制。在此基础上，克拉格（Cragg，1971）提出了 Hurdle 模型作为 Tobit 模型的拓展。Hurdle 模型比 Tobit 模型的限定条件更为宽松，它允许顺序决策中两个不同的决策阶段具有不同的决策机制，但两个决策阶段必须相互独立。然而，在现实生活中，有很多顺序决策的不同阶段是相互联系而不是相互独立的，如是否购买和购后如何使用这两个阶段可能会受到相同因素的影响，因此赫克曼（Heckman，1976）提出了 Heckman 模型，允许决策的不同阶段可以不相互独立。在此，我们首先假定农村居民太阳能热水器的采纳与使用两个决策阶段相互独立，构建出 Hurdle 模型；然后假定这两个决策阶段不相互独立，构建出 Heckman 模型；最后对两个模型进行评估，以便选择更适合解释农村居民太阳能热水器的采纳与使用行为的顺序决策模型。

我们用 z 表示农村居民是否采纳太阳能热水器这个二元选择变量，y^* 表示农村居民太阳能热水器使用水平的观测值，y 是 z 和 y^* 的复合函数：

$$y = z \cdot y^* \tag{7-1}$$

当农村居民采纳太阳能热水器后（z = 1），我们可以得到大于零的使用水平 $y = y^*$，当没有采纳时（z = 0），则没有使用水平的观测值 y^*，y = 0。

在第一阶段，通过 Probit 模型来估计采纳决策 z。如果农村居民认为采纳太阳能热水器的净效用大于零，他们会倾向于采纳。因此，采纳决策可以通过二元选择线性方程来表达［式（2-4）］。其中，x_1 是解释变量，决定农村居民是否采纳太阳能热水器，包括农村居民的人口特征、家庭属性、地理特征、对太阳能热水器的感知和态度等。假定随机误差项 υ 服从标准正态分布，解释变量 x_1 与随机误差项 υ 相互独立：

$$z^* = x_1\gamma + \upsilon \quad \upsilon \mid x_1 \sim N(0, 1) \tag{7-2}$$

$$z = \begin{cases} 1, & \text{if} \quad z^* > 0 \\ 0, & \text{if} \quad z^* \leq 0 \end{cases} \tag{7-3}$$

$$P(z=1 \mid x_1) = E(z \mid x_1) = \Phi(x_1\gamma) \tag{7-4}$$

在第二阶段，使用水平的观测值 y^* 由线性方程式（7-5）来表达，其中 x_2 为解释变量，包括农村居民人口学特征、家庭属性、地理特征等。只有当农村居民采纳太阳能热水器后，使用水平 $y = y^*$，否则使用水平 y = 0［式（7-6）］。由于在使用阶段，所有 y^* 为 0 的观测值都会被截断，根据使用水平必须大于零的基本假设，正态 Hurdle 模型与对数正态 Hurdle 模型均可以用来解释这一阶段的决策。在正态 Hurdle 模型中，假设 y^* 服从截断的正态分布，而在对数正态模型中，假设 y^* 服从对数正态分布。因此，我们可以构建出正态 Hurdle 模型。

$$y^* = x_2\beta + \mu, \quad \mu \mid x \sim \text{Normal}(0, \sigma^2) \tag{7-5}$$

$$y = \begin{cases} y^* > 0, & \text{if} \quad z = 1 \\ 0, & \text{otherwise} \end{cases} \qquad (7-6)$$

用 ρ 表示第一阶段的随机误差项 υ 与第二阶段的随机误差项 μ 相关，由于在 Hurdle 模型中，假定两个决策阶段是相互独立的，即 $\rho = 0$。我们得到：

$$P(y > 0 \mid x_1) = \Phi(x_1 \gamma) \qquad (7-7)$$

由于当 $y^* > 0$ 时，$y = y^*$。因此，在 $\rho = 0$ 时，y 的条件密度为：

$$f(y \mid x_2, \ y > 0) = \left\{ \Phi\left(\frac{x_2 \beta}{\sigma}\right) \right\}^{-1} \left\{ \phi\left(\frac{(y - x_2 \beta)/\sigma}{\sigma}\right) \right\}, \ y > 0 \qquad (7-8)$$

给定 x_1 和 x_2，y 的密度函数为：

$$f(y \mid x_1, \ x_2) = \left\{ 1 - \Phi(x_1 \gamma) \right\}^{1[y=0]} \left\{ \Phi(x_1 \gamma) \left[\Phi\left(\frac{x_2 \beta}{\sigma}\right) \right]^{-1} \right.$$
$$\left. \left[\phi\left(\frac{(y - x_2 \beta)/\sigma}{\sigma}\right) \right] \right\}^{1[y>0]} \qquad (7-9)$$

任意一个农村居民样本 i 的对数似然函数为：

$$l_i(\theta) = 1[y_i = 0]\log[1 - \Phi(x_i \gamma)] + 1[y_i > 0]\left\{ \log\Phi(x_i \gamma) - \log\Phi\left(\frac{x_i \beta}{\sigma}\right) \right.$$
$$\left. -\frac{1}{2}\log(2\pi\sigma^2) - \frac{1}{2\sigma^2}(y_i - x_i \beta)^2 \right\} \qquad (7-10)$$

那么，y 的条件期望值与非条件期望值分别可以表达为：

$$E(y \mid x_2, \ y > 0) = x_2 \beta + \sigma \frac{\phi(x_2 \beta / \sigma)}{\Phi(x_2 \beta / \sigma)} \qquad (7-11)$$

$$E(y \mid x_1, \ x_2) = \Phi(x_1 \gamma) \left[x_2 \beta + \sigma \frac{\phi(x_2 \beta / \sigma)}{\Phi(x_2 \beta / \sigma)} \right] \qquad (7-12)$$

利用式 7-11 和式 7-12 可以计算边际效应，以评估农村居民特征、家庭属性、地理特征等解释变量的变化如何影响他们对太阳能热水器的采纳和使用行为。正态 Hurdle 模型与对数正态 Hurdle 模型均假定是否采纳与使用决策无关（$\rho = 0$）。然而，有些特定的因素可能既影响农村居民太阳能热水器的采纳决策（z），又影响他们的使用决策（y^*）。因此，为了允许采纳决策（z）与使用决策（y^*）相关，我们构建 Heckman 模型。在此模型中，两个决策阶段的误差项 υ 和 μ 不相互独立即 $\rho \neq 0$，那么 υ 和 μ 的协方差矩阵为 $\begin{pmatrix} 1 & \rho\sigma \\ \rho\sigma & \sigma^2 \end{pmatrix}$。为了识别 ρ，需要限定 x_2 为 x_1 的严格子集，以便确定采纳决策的协变量严格包含影响使用决策的协变量。当 $\rho \neq 0$，给定 x_1，y 的条件密度可以表达为：

$$f(y \mid x_1, y > 0) = \frac{\Phi\left(\left[x_1\gamma + \frac{\rho}{\sigma}(y - x_2\beta)\right](1 - \rho^2)^{-\frac{1}{2}}\right)\phi\left(\frac{\log(y) - x_2\beta}{\sigma}\right)}{\sigma y}$$

$$(7-13)$$

给定 x_1 和 x_2，y 的非条件密度可以表达为：

$$f(y \mid x_1, x_2) = \left[1 - \Phi(x_1\gamma)\right]^{1[y=0]}$$

$$\left\{\frac{\Phi\left(\left[x_1\gamma + \frac{\rho}{\sigma}(y - x_2\beta)\right](1 - \rho^2)^{-\frac{1}{2}}\right)\phi\left(\frac{\log(y) - x_2\beta}{\sigma}\right)}{\sigma y}\right\}^{1[y>0]}$$

$$(7-14)$$

相应的对数似然函数为：

$$I_i(\theta) = 1[y_i = 0]\log[1 - \Phi(x_i\gamma)] + 1[y_i > 0]$$

$$\left\{\log\left[\Phi\left(\left[x_i\gamma + \left(\frac{\rho}{\sigma}\right)(\log(y_i) - x_i\beta)\right]\right)(1 - \rho^2)^{-\frac{1}{2}}\right]\right.$$

$$\left. + \log\left\{\phi\left[\frac{\log(y_i) - x_i\beta}{\sigma}\right]\right\} - \log(\sigma) - \log(y_i)\right\}$$

$$(7-15)$$

然而在很多情况下，Heckman 模型被认为是解决实证研究中缺失数据及样本选择问题的一种补充模型。这种看法忽略了 Heckman 模型的一个重要用途，即它不仅可以把农村居民的太阳能采纳行为与使用决策作为两个不同的决策阶段，还允许这两个决策阶段相关。如上所述，Heckman 模型仅需假定 x_2 为 x_1 的严格子集，以便有效识别相关系数 ρ。当 ρ 接近于 0 时，Heckman 模型与标准对数正态 Hurdle 模型一致。

第三节　变量选择与数据收集

一、变量选择

如前所述，农村居民太阳能热水器的采纳与使用行为可以用二阶段序列决策模型来表达。在第一阶段，因变量采纳决策为二元选择变量，在第二阶段，因变量使用决策为顺序变量。从总体来看，地理因素、人口特征、家庭属性及农村居民的感知和态度这四类因素会影响农村居民太阳能热水器的采纳和使用行为，如表7-1所示。

表7-1　　　　　　　　　　　　量描述性统计

	变量	描述	样本数	均值	标准差	最小值	最大值
自变量	地理因素						
	日照时间	年均日照时间（小时）	972	5.01	0.49	4	5.75
	村庄规模	村庄户数（户）	972	128.51	71.13	23	352
人口特征	年龄	户主年龄（岁）	972	38.16	10.42	24	78
	性别	户主性别（1=男）	972	0.67	0.47	0	1
	婚姻状态	是否已婚（1=是）	972	0.96	0.19	0	1
	教育水平	上学年数（年）	972	9.22	3.72	0	16
家庭属性	家庭收入	家庭年均收入（万元）	972	2.33	0.56	1.55	6.5
	家庭规模	家庭人口数（人）	972	4.80	1.13	1	7
	孩子数	18岁以下孩子数（人）	972	1.26	0.88	0	4
	建筑面积	房屋建筑面积（100平方米）	972	2.15	1.19	0.5	9
	建筑材料	建筑类型（1=砖混；0=其他）	972	0.37	0.48	0	1
感知与态度	政策感知	政策知晓度（里克特3点量表）	972	2.06	0.68	1	3
	技术感知	太阳能技术感知（里克特7点量表）	972	4.33	1.54	1	7
因变量	采纳决策	是否采纳（1=是）	972	0.56	0.50	0	1
	使用决策	使用水平（里克特3点量表）	545	2.58	0.64	1	3

（一）地理因素

地理因素包括日照时间和村庄规模。日照时间通过样本县的平均日照时间来表示。一般而言，平均日照时间越长表示太阳能资源越丰富，居民也越

131

可能采纳太阳能热水器（Mills and Schleich，2009）。村庄规模是指样本村中的农户数。在我国南方农村，村庄通常坐落于较为开阔的地带以获得足够的阳光，村庄越大也就意味着获得的阳光越充足（费孝通，2005）。

（二）人口特征

人口特征包括户主年龄、户主性别、婚姻状态、教育水平等。有研究发现，农村家庭户主的年龄越大对节能技术的认知越弱，采纳节能技术的倾向也越低（Yuan et al.，2011；Liu et al.，2013；Karakaya et al.，2014）。切塞尔斯基（Cecelski，2000）的研究表明女性农村户主会比男性农村户主更有意愿采纳可再生能源，但是有学者的研究却发现农村户主的性别对沼气的采纳无显著影响（Walekhwa et al.，2009）。有一些研究则探讨了农村居民的婚姻状态对节能行为的影响，如有学者发现已婚居民会比未婚居民表现出更强的节能行为（Hamamoto，2013）。还有一些研究表明户主的教育水平和节能技术的采纳呈正相关关系（Abrahamse and Steg，2009；Reddy and Srinivas，2009；Wang et al.，2016）。

（三）家庭属性

家庭属性包括家庭人口、18 岁以下孩子数、家庭收入、房屋面积、建筑材料等。家庭规模越大，对热水的需求也越多，采纳太阳能热水器的可能性会更大，但家庭规模对节能投资的影响存在不确定性，如龙（Long，1993）发现家庭规模对节能投资的影响是负向的，而科蒂斯等（Curtis et al.，1984）则认为 2 ~ 4 个人的家庭人口结构会表现出更强的节能行为。家庭孩子数对太阳能技术采纳的影响同样存在不确定性，杜邦（Dupont，2004）发现有孩子的家庭可能会更关注能源消费对环境的影响，进而更倾向于采纳可再生能源，但迈尔斯和斯莱奇（Mills and Schleich，2009）则认为 6 岁以下孩子数对太阳能热水器的采纳无显著影响。先前的研究表明，家庭收入对节能投资具有显著影响（Abrahamse et al.，2007；Martinsson et al.，2011；Guo et al.，2016），富裕家庭在节能技术投资方面会受到更小的资金约束，且居民对节能技术的支付意愿随着收入的增加而增加（Kristrom and Riera，1996）。一般而言，房子的建筑面积越大会消耗更多的家庭能源，会使户主更倾向于采纳节能技术（Mills and Schleich，2010）。常等（Chang et al.，

2008）则研究了建筑材料对太阳能热水器采纳的影响，他们认为砖混结构或独立结构的房子更适合在屋顶上安装太阳能热水器。

（四）感知与态度

感知与态度包括政策感知与技术感知。政策感知是指农村居民对太阳能补贴政策的认知程度。政策对节能技术采纳的影响比较复杂。有些研究表明补贴政策及无息贷款能促进太阳能热水器的采纳（Han et al.，2010；Urban et al.，2016）。但马等（Ma et al.，2014）通过经济可行性分析发现，补贴政策没有显著提升农村居民的太阳能采纳行为。李等（Li et al.，2013）则比较了中国、以色列及澳大利亚的太阳能热水器政策，得到的结论是不同的政策措施对于太阳能热水器的采纳具有不同的影响，如补贴政策在采纳阶段具有显著的作用，但对使用阶段却无明显作用。在本章中，我们使用里克特3点量表来测量农村居民对太阳能热水器政策的认知，其中1表示低认知程度，3表示高认知程度。我们预期政策感知会正向影响农村居民的采纳行为，但对使用决策无显著影响。技术感知是指农村居民对太阳能技术的认知程度。技术的认知常常是节能技术采纳的约束条件，认知越低采纳的可能性越小（Stieß and Dunkelberg，2013）。迈尔斯和斯莱奇（Mills and Schleich，2009）则进一步指出，对节能技术的认知也会影响家庭能源的支出。我们使用里克特7点量表来测量农村居民对太阳能技术的感知，其中1表示非常不熟悉，7表示非常熟悉。我们预期技术感知强不仅能提升农村居民太阳能热水器的采纳行为，还能提高他们的使用水平。

（五）采纳与使用决策

农村居民太阳能热水器的决策分为两个阶段：第一阶段的采纳决策是一个二元选择变量，1表示已采纳，0表示未采纳。第二阶段的使用决策是一个程度变量，我们通过里克特3点量表来测量，其中1表示低使用水平，3表示高使用水平。

为了拟合 Heckman 模型，并分析采纳与使用这两个决策阶段是否独立，我们需要假定 x_2 为 x_1 的严格子集。由于采纳太阳能热水器的最大成本为采购价格（前期成本），而维护成本极低（Ma et al.，2014）；建筑面积及建筑材料属于房屋的物理条件，会影响农村居民的采纳决策（是否适合安装），一旦采纳以后，则不太会影响使用决策；由于我国目前针对太阳能的补贴政策属于购买补贴，有研究已经证明这种政策在采纳阶段具有显著的作用，但对使用阶段却无明显影响（Li et al.，2013）。因此，本章假定家庭收入、建筑面积、建筑材料及政策感知这四个变量仅会影响第一阶段的采纳决策，而不会显著影响第二阶段的使用决策。我们的数据也显示，这四个变量对使用水平没有产生显著影响。

二、数据收集

我们选择江西省作为样本区主要是基于以下三个理由。首先，江西省作为我国首批全境列入生态文明先行示范区建设的省份，2014~2016 年实施了一系列的农村生态治理工程，如农村生活治理工程、蓝天行动计划等，其中就包含了大力发展农村太阳能项目；其次，江西地处我国东南部，属于中亚热带季风气候，年均气温在 16℃~18℃之间，年均太阳辐射为 4458.5 兆焦/平方米，具有发展太阳能技术的巨大潜力，且目前已成为我国农村太阳能热水器发展最好的省份之一；最后，江西是一个农业大省，总人口约为 4500 万，其中将近一半的人口为农村人口，为发展农村太阳能热水器提供了广阔的平台。

为了研究农村居民的太阳能采纳及使用行为，我们在 2014 年 10 月至 2015 年 2 月在江西的农村地区进行了一对一的入户调查。调查采取三阶段抽样：第一阶段，从江西 100 个县（市/区）随机抽取 10 个县（市/区）；第二阶段，在每个样本县（市/区）中随机抽取 5 个行政村；第三阶段，利用系统抽样在每个样本村抽取 20 个样本户。每个样本户首先回答是否已经采纳了太阳能热水器，只有采纳的用户才能回答如何使用的问题。问卷内容还包含农村居民人口特征、家庭属性及对政策和技术的感知与态度等。为了激励农村居民认真填答问卷，每个受访者完成问卷后给予价值 10 元的电话卡作为报酬。共回收 1000 份问卷，去除关键问题未填答完整和明显误答的问卷，得到有效问卷 972 份，问卷有效率为 97.2%。

第四节　实证分析

实证分析的结果描述见表 7-2。Voung 检验（Z = -3.35，p < 0.001）

表 7-2　二阶段序列决策模型分析结果

变量		采纳决策					
		正态 Hurdle 模型		对数正态 Hurdle 模型		Heckman 模型（两阶段）	
		系数	边际效益	系数	边际效益	系数	边际效益
地理因素	日照时间	0.466***	0.237***	0.466***	0.151***	0.466***	0.113
	村庄规模	0.003***	0.003***	0.003***	0.001***	0.003***	0.001
人口特征	年龄	0.003	0.005	0.003	0.002	0.003	0.006
	性别	-0.134	-0.179	-0.134	-0.075	-0.134	0.096
	婚姻状态	-0.175	-0.099	-0.175	-0.053	-0.175	0.241
	教育水平	0.033*	0.057*	0.033*	0.023*	0.033*	0.017
	家庭收入	0.406***	0.364***	0.406***	0.176***	0.406***	0.094
家庭属性	家庭规模	-0.004	-0.000	-0.004	-0.002	-0.004	0.043
	孩子数	0.039	0.034	0.039	0.017	0.039	0.057
	建筑面积	-0.104***	-0.093***	-0.104***	-0.045***	-0.104***	0.039
	建筑材料	0.412***	0.369***	0.412***	0.178***	0.412***	0.101
感知与态度	政策感知	0.328***	0.293***	0.328***	0.142***	0.328***	0.064
	技术感知	0.041	0.019	0.041	0.034	0.040	0.031
	常数	-4.470***	—	-4.470***	—	-4.470***	—

续表

变量		正态 Hurdle 模型 系数	正态 Hurdle 模型 边际效益	对数正态 Hurdle 模型 使用决策 系数	对数正态 Hurdle 模型 系数	Heckman 模型（两阶段）边际效益	Heckman 模型（两阶段）系数
地理因素	日照时间	-0.144*** (0.066)	-0.321*** (0.038)	-0.091*** (0.012)	-0.091*** (0.012)	-0.138*** (0.019)	-0.138*** (0.019)
	村庄规模	-0.000 (0.000)	-0.000 (0.000)	-0.000 (0.000)	-0.000 (0.000)	-0.000 (0.000)	-0.000 (0.000)
人口特征	年龄	-0.011*** (0.006)	-0.014*** (0.003)	-0.005*** (0.001)	-0.005*** (0.001)	-0.006*** (0.001)	-0.006*** (0.001)
	性别	-0.061*** (0.066)	-0.104*** (0.037)	-0.031** (0.012)	-0.031** (0.012)	-0.027** (0.013)	-0.027** (0.013)
	婚姻状态	0.050 (0.102)	0.0103 (0.097)	0.040 (0.031)	0.040 (0.031)	0.061* (0.035)	0.061* (0.035)
	教育水平	0.028*** (0.014)	0.050*** (0.003)	0.017*** (0.003)	0.017*** (0.003)	0.014*** (0.003)	0.014*** (0.003)
家庭属性	家庭规模	0.002 (0.035)	0.007 (0.019)	0.000 (0.001)	0.000 (0.001)	-0.000 (0.007)	-0.000 (0.007)
	孩子数	0.007 (0.045)	0.003 (0.023)	-0.000 (0.008)	-0.000 (0.008)	-0.002 (0.009)	-0.002 (0.009)
感知与态度	技术感知	0.047*** (0.022)	0.094*** (0.012)	0.028*** (0.004)	0.028*** (0.004)	0.024*** (0.005)	0.024*** (0.005)
	常数	1.483*** (0.547)	—	1.634 (0.009)	—	2.015*** (0.153)	—
$\hat{\sigma}$		0.392 (0.012)		0.128 (0.004)		0.154	
$\hat{\rho}$		—		—		-0.783	
Vuong test				Z = -3.35（p=0.001）		—	—
Log likelihood		-849.647		-238.235		—	—

注：* 表示在 0.1 的水平上显著，** 表示在 0.05 的水平上显著，*** 表示在 0.01 的水平上显著。

表明，如果采纳与使用这两个决策阶段独立，在统计上对数正态 Hurdle 模型要优于正态 Hurdle 模型，尽管两个模型的结果比较相似。然而，两个决策阶段独立（$\rho = 0$）的假设并不成立，二者的相关系数 $\rho = -0.783$，显著大于0。因此，Heckman 模型比两个 Hurdle 模型更适合分析本章中的数据。Heckman 模型的研究结果显示，地理因素、人口特征和家庭属性对农村居民太阳能热水器的采纳及使用决策会产生不同的影响。从总体来看，采纳阶段更多受到地理因素及家庭属性的影响，而使用阶段则更多受到人口特征的影响。

　　日照时间会显著提升农村居民太阳能热水器的采纳行为，但却降低了采纳后的使用水平。每天日照时间增加0.1%，太阳能热水器的采纳比率会提升4.46%，但使用水平会降低1.38%。可能的原因是，如果农户所在村庄的日照时间越长则越适合安装太阳能，与此同时，更长的光照时间也意味着更高的温度，而更高的温度则会降低太阳能热水器的使用率。村庄的规模会正向影响农户的采纳决策，但对使用决策无显著影响，村庄规模每增加10户，农户采纳太阳能热水器的可能性会增加3%。

　　家庭收入对农户的采纳行为具有显著的影响。农户家庭年均收入每增加1000元，其采纳太阳能热水器的可能性会提升4.06%。房屋的建筑材料对太阳能热水器的采纳亦有显著作用，砖混结构住房的农户在屋顶上安装太阳能热水器的可能性会比其他结构住房农户高41.2%。但建筑面积对农户采纳决策的影响却是负的，农户的建筑面积每增加100平方米，其采纳太阳能热水器的概率会降低10.4%。产生这样结果的原因可能是，在我国农村建筑面积越大则楼层数越少，而楼层数越少，其光照时间会越短。

　　当农户采纳太阳能热水器以后，人口特征会对其使用决策产生重要影响。在人口特征中，教育水平是唯一会对采纳及使用决策都产生影响的变量，农户户主的教育水平每增加一年，其采纳决策会提升3.3%，且使用水平也会提高1.4%。户主为女性的农村家庭会比男性户主的农村家庭更多地使用太阳能热水器（多2.6%），而已婚的户主会比未婚的户主多使用6.1%。

　　农户对补贴政策的感知能显著提升他们对太阳能热水器的采纳，而农户的太阳能技术感知对其采纳行为的影响并不显著。但我们发现，一旦农户采纳了太阳能热水器以后，技术感知会对使用行为产生显著的正向影响，农户的技术感知每增加1个点（7点量表），他们的使用水平会提升2.4%。可能的原因是，在采纳阶段，农户会更多地基于成本评估，当政府有购买补贴，尤其是当周边的农户都购买时［有研究表明，参照群体对农户太阳能热水器的采纳行为具有显著影响（Chen et al.，2016）］，即便是对太阳能的技术感知较低，他们也会选择购买，但在使用阶段，技术的掌握和应用就会对使用水平产生重要影响。

第五节　本章小结

　　鼓励农村居民采纳和使用太阳能热水器对于应对我国环境恶化及能源短缺具有重大的意义。本章通过构建序列决策模型，探讨了农村居民采纳及使用太阳能热水器的决定因素。研究结果表明，在采纳阶段，地理因素（日照时间、村庄规模）及家庭属性（家庭收入、建筑面积、建筑材料）具有重要的作用，而在使用阶段，人口特征（户主年龄、户主性别、婚姻状态、教育水平）影响则更为显著。政府补贴政策的感知对于农户采纳太阳能热水器具有重要的作用。尽管太阳能技术的感知不会对采纳决策产生显著影响，但农户一旦采纳了以后，技术感知越强的农户会更多地使用太阳能热水器。

　　这些研究结论对于政府相关部门制定政策以促进农村居民采纳及使用太阳能热水器具有一定参考价值。由于影响农户采纳和使用决策的因素存在差异，我们应该在这两个不同的阶段设计不同的刺激政策。

　　在采纳阶段，首先，政府应该更多地关注具有更长日照时间的农村区域及更多农村居民的村庄，因为这些农村区域的居民有更高的可能性采纳太阳能热水器；其次，要与其他的农村政策相衔接，比如新农村建设政策，政府应鼓励农村居民在住房改造时采用砖混结构，以便更适合在屋顶上安装太阳能热水器；再次，由于家庭收入低是农户采纳太阳能热水器的一个障碍，政府一方面要采取措施降低农户的购买成本，另一方面要帮助低收入家庭提高家庭收入；最后，考虑到农户对补贴政策的认知对其采纳行为具有重要影响，政府在制定补贴政策的同时，要使补贴政策易于理解，还要注意宣传，提高农村居民的政策认知水平。

　　在使用阶段，首先，政府要扩大对太阳能知识及技术的宣传和教育

（使用方法、工作原理等），因为农村居民一旦采纳以后，对太阳能知识及技术的了解会大大提升他们的使用水平，有研究已经指出，掌握使用技术的知识或是了解技术的能力在技术使用过程中起着重要作用（Mallett，2007）；其次，由于农村居民的人口特征对使用水平具有重要的影响，因此在农村推广太阳能热水器时要更多地关注受教育程度较高、已婚及相对年轻的户主家庭；最后，我们的研究结果表明，政府的补贴政策能提升农村居民的采纳决策，但却不能提升他们的使用水平，这一结论与台湾地区的研究结果相一致（Chang et al.，2008），而另一项研究结果则表明，退税或使用补贴等长期政策会提高太阳能热水器的使用水平（Li et al.，2013），因此，政府在实施购买补贴政策的同时，可以制定相应的长期激励政策，以提升农村居民的使用水平。

尽管通过构建序列决策模型，实证分析了农村居民采纳及使用太阳能热水器的决定因素，并取得了一些具有理论及实践意义的重要结论，但也存在诸多不足。首先，基于江西省农村居民的调查数据，研究结论是否适合其他省份及地区需进一步验证，且实证检验结果的外部效度也需要进一步拓展；其次，有研究表明，太阳能热水器的价格与补贴政策一样都是影响农村居民是否采纳的关键因素，在本章中我们仅考虑了补贴政策而没有考察价格的影响；最后，我们的调查一共获得了972个有效样本，我们仅对545个为已经采纳太阳能热水器的样本进行了分析，而没有分析另外427个未采纳的样本，以探明他们没有采纳的原因。

第八章

农村居民绿色能源（沼气）
使用行为的比较研究

第一节 引 言

在我国农村地区发展沼气能源具有明显的经济、社会及环境效益，如为农村家庭提供清洁的能源以替代木材和化石燃料、减少室内空气污染及温室气体排放等，这对加强农村生态文明建设与新农村建设具有重要意义。随着中央及各级地方政府的大力推动，截至 2015 年底，全国约有 2 亿农村人口从沼气能源中获益，年沼气能源生产能力达到 158 亿立方米，相当于 5% 的全国天然气消费总量，可替代化石能源约 1100 万吨标准煤，使二氧化碳排放总量减少 6300 多万吨。

目前，我国农村沼气能源主要来自两个方面：户用沼气池和大中型沼气工程。户用沼气池是指 20 平方米以下池容的家用沼气池，主要为农户自身提供沼气能源。由于安装简易、使用简单且成本较低，政府补贴占到近一半的安装成本，2000 ~ 2010 年，有 4000 多万的农户安装了户用沼气池，年均增长 18%。然而，2010 年以后，年均增长速度下降至 2%（Zhang and Chen，2017）。大中型沼气工程是指以大中型畜牧养殖场为依托，利用其产生的大量废弃物作为发酵原料，为当地农村居民提供集中式沼气作为家庭能源的沼气工程项目（李颖等，2014）。与户用沼气池相比，大中型沼气工程能提供更稳定和更充足的沼气能源，以及更完善的后续服务和管理方式（Wang et al.，2016）。最近的研究也表明，大中型沼气工程会给农户及社会带来更大的环境和经济效益（乔玮等，2016）。鉴于大中型沼气工程的这些优势，近年来，中央及各级政府的农村沼气相关政策越来越倾向于推动大中型沼气工程的发展，并于2015年暂停了实施十多年的户用沼气补贴政策，转而强化大中型沼气的补贴政策，尽管中央政府仍然鼓励地方政府继续支持户用沼气的发展。

然而，大中型沼气工程的所有者与农户之间也存在诸多问题，如缺乏合理的定价制度、后续服务提供的产权安排、管理方式的选择等，这可能会在一定程度上制约大中型沼气工程的发展。对于政府而言，应该如何进行政策选择，是进一步扩大对大中型沼气工程的支持并缩小（或停止）对户用沼气池的补贴，还是因地制宜地发展？虽然已有很多文献对农村沼气产业的支持政策进行了深入的分析和探讨，但绝大多数文献都聚焦于户用沼气或大中型沼气工程二者之一，且以探讨户用沼气为主。要全面了解我国农村沼气的发展状况，我们非常有必要对农村的户用沼气及大中型沼气工程的使用情况进行综合分析。为了更好地了解我国户用沼气及大中型沼气的发展现状，以及不同地区间的差异，本章通过对四川、湖北、江西和贵州四省1125个户用沼气和大中型沼气用户的调查，比较两类用户之间的差异及分析影响其沼气使用的因素，以期为政府的政策选择提供借鉴和参考。

随着我国农村沼气能源的快速发展，越来越多的学者开始关注有哪些因素可能会影响农村居民的沼气采纳或使用行为。有学者深入分析了政府政策对农户沼气采纳及使用行为的作用，如仇焕广等（2013）利用五省份的实地调查数据分析，发现沼气补贴占建池成本比例的上升，会提高建池率及全社会的沼气使用率。而另一项来自大规模农户调查的研究却表明，政府补贴确实有效促进了农村沼气池的建设，但却与农户使用沼气的平均时间呈现出显著的负相关关系（Sun et al.，2014）。另一些学者则对家庭及社会因素进行了深入讨论，如曲等（Qu et al.，2013）利用甘肃、山东等四省的大规模调研数据分析发现，除了政府政策以外，其他社会因素如家庭收入、家庭人口及主观贴现率也会对家庭沼气的采纳产生重要作用。而汪海波和辛贤（2007）则利用1998~2005年的全国数据进行了实证分析，认为农村商品能源的价格和农户能源消费观念等因素会对农村沼气消费产生显著影响；汪海波和辛贤（2008）进一步从农户自身偏好的理性选择行为视角出发，构建了农户采纳沼气行为的理论模型，模型的分析结果表明，沼气池建设费、劳动投入、使用年限、收益期望及液化气价格等是农户采纳沼气的关键影响因素。在此基础上，陈等（Chen et al.，2016）进一步指出，农户在沼气的采纳决策中不仅会考虑沼气能源的特征，还会受家庭因素本身（如家庭人口结构、家庭规模等）的影响。有一些学者从更为宏观的角度展开研究，发现中国农村拥有丰富的自然资源来生产沼气，但从目前来看还存在沼气利用率低、区域差别明显、后续服务缺位等问题（Yang et al.，2012；蔡亚庆等，2012；Fen et al.，2017）。也有少部分学者通过构建数理模型分析了全国及各省份农村沼气的生产及使用情况，并对未来可能的发展方向进行了预测和模拟（Gu et al.，2016）。

近几年，我国农村沼气的发展模式已悄然改变，户用沼气池的增长率逐渐下降，大中型沼气工程的增长率迅速上升，有些研究开始关注大中型沼气的发展。如孙等（Sun et al.，2014）的研究表明，目前针对户用沼气池的补贴政策对户用沼气发展的净作用几乎可以忽略不计。在此基础上，王等（Wang et al.，2016）指出，应进一步鼓励发展大中型沼气工程项目，并继续减少对户用沼气池的支持。但也有学者对此持不同的观点，如宋等（Song et al.，2014）在对我国农村发展户用沼气和大中型沼气的优缺点进行综合比较后，认为发展户用沼气还是大中型沼气要根据各地农村地区的实际情况，应因地制宜而不是"一刀切"。这些学者的研究结论对制定我国农村地区沼气发展的扶持政策提出了新的挑战，维持现有的扶持政策还是需要进一步调整？这对继续推动农村沼气能源的发展具有重要的实践意义。有鉴于此，基于我国四省农村地区的调研数据，重点比较户用沼气和大中型沼气两类用户之间差异，以便分析影响两类用户沼气使用行为的因素。

第二节　变量选择与数据收集

一、数据收集

为了获取农村沼气使用情况的代表性样本，我们选择了四川、湖北、江西、贵州四个省份的农村地区作为样本区，主要基于以下三个理由：首先，气候条件是沼气使用的首要决定因素，这四个省份位于我国的中部和西部，年平均气温比北部省份高；其次，这四个省份均为农业大省，其中近一半的人口均为农村人口，且农业生产总值在各省 GDP 中所占比重较高；最后，与其他省份相比较，这四省农村地区的户用沼气及大中型沼气的到户率相对较高，农村沼气投资也较大，且在《全国农村沼气发展十三五规划》中属于Ⅰ类和Ⅱ类地区，其中四川和湖北为Ⅰ类地区，江西和贵州属于Ⅱ类地区。

我们在 2016 年 1～10 月对这四个省的农村居民进行了一对一的调查，通过三阶段的随机抽样策略选择了 1130 个样本。第一阶段在每个省中随机选择三个县，一共获得 12 个样本县；第二阶段在每个样本县中随机抽取四个享受过沼气补贴的样本村，共得到 48 个样本村；第三个阶段，在样本村内采取系统随机抽样的方式选择 30% 已经安装了沼气的样本户。首先，每个样本户需要回答其家庭所使用的沼气是来自户用沼气池还是大中型沼气工程。然后，除了回答补贴政策、沼气服务、沼气价格、安装年数等沼气使用情况的问题外，还包括农村居民（户主）的个人特征及家庭属性等信息。在剔除了 5 份无效样本后，共得到 1125 份有效样本。其中 700 户为户用沼气样本，425 户为大中型沼气样本。

二、变量选择

结合前人的研究成果及农村居民的沼气使用情况，从总体来看，地理因素、户主及家庭因素、沼气能源特征这三大类因素会影响农户沼气的使用行为，见表 8-1。由于直接测量农户的沼气使用行为比较困难（Sun et al.，2014），因变量使用行为通过实际使用时间（月）与全年（12 个月）之间的比率来测量，取值范围为 0～100，其中 0 表示全年未使用沼气能源，100 则表示全年使用。

表8－1 变量描述及两类沼气用户的比较分析

变量		描述	用户类型				差异（Δm）	S. E.
			户用（n＝700）		大中型（n＝425）			
			m	SD	m	SD		
自变量								
地理因素	省份	省份哑变量（四川＝0）						
	温度	年均温度（℃）	15.81	1.92	15.08	3.55	0.73 ***	0.80
	地形	0＝山区；1＝平原	0.23	0.42	0.66	0.47	－0.43 ***	0.01
	村庄	村庄规模（户数）	113.05	63.36	124.28	75.05	－10.83 ***	2.03
	距离	离中心镇距离（公里）	3.88	4.21	3.45	3.58	0.43 *	0.12
户主及家庭因素	年龄	户主年龄（岁）	48.04	7.00	47.54	6.34	0.49	0.0
	性别	户主性别（1＝男）	0.67	0.47	0.68	0.47	－0.01	0.01
	教育	上学年数（年）	5.75	2.43	5.92	2.21	－0.17	0.07
	家庭规模	家庭人口数（个）	4.80	1.11	4.82	1.14	－0.02	0.03
	收入	年均家庭收入（万元）	2.93	1.66	3.12	2.86	－0.19	0.07
沼气能源特征	补贴	补贴比例（%）	45.71	11.05	70.87	14.37	－25.16 ***	0.52
	年数	使用年数（年）	5.92	2.85	3.52	1.96	2.40 ***	0.08
	服务	服务评价（1～7）	2.15	0.84	5.07	1.72	－2.91 ***	0.06
	价格	沼气价格（元/立方米）	—	—	1.26	0.48	—	—
因变量								
使用行为		沼气使用比率（%）	43.36	13.96	72.49	11.43	－29.13 ***	0.57

注：＊、＊＊、＊＊＊分别表示在10%、5%、1%的统计水平上显著。

地理因素包括省份、温度、地形、村庄和距离。由于本研究有来自四个省的样本，我们使用了三个虚拟变量（四川＝0）。有研究表明不同地区的农户具有不同户用沼气投资及使用行为（Cheng et al.，2011；Qu et al.，2013），但从目前文献中还未析出探讨不同省份中户用沼气及大中型沼气用户在使用行为上的差异。温度是指不同样本区的年平均温度（℃），这是沼气生产的主要决定因素，当气温低于10℃时，沼气池所产生的沼气将很难满足农村家庭的日常使用（Hao and Shen，2006）。地形是一个虚拟变量，如果样本村位于平原地区，赋值为1，如位于山区则赋值为0。孙等（Sun et al.，2014）的研究表明，使用户用沼气的农户更可能居住在山区，且会比平原地区的沼气用户更经常地使用沼气。村庄是指样本村的户数，由于电力稳定性等原因，村庄规模较小的农户倾向于使用户用沼气，而出于规模效应，村庄规模较大的农户则倾向于使用大中型沼气（Song et al.，2014）。距离是指样本村与中心城镇的远近，张等（Zhang et al.，2014）认为，在偏远村庄中的农户会比离中心城镇较近或中心城镇中的农户更倾向于使用沼气。

户主及家庭因素是指农村家庭户主的个人特征及家庭属性，包括户主年龄、户主性别、户主受教育年数、家庭人口数及家庭年均收入。有研究指出，农村家庭的户主特征及家庭属性会对他们的沼气采纳及使用行为产生重要影响。刘等（Liu et al.，2013）发现，由于年轻人更愿意接受新技术和新事物，故年轻户主家庭更倾向于采纳和使用沼气能源。户主性别也在投资沼气池和使用沼气决策中发挥一定的作用，因为在农村通常由女性负责烹饪，而使用沼气作为烹饪能源可以显著改善厨房中的空气质量（Qu et al.，2013）。此外，孙等（Sun et al.，2014）认为，户主的受教育水平会对沼气能源的利用产生积极影响，受教育程度较高的户主更可能采用沼气等清洁能源。就家庭属性而言，有研究发现，多数沼气用户属于农村中的中高收入家庭（Gosens et al.，2013）。家庭人口规模也会对沼气的采纳和使用产生重要影响，更多的家庭成员意味着更高的烹饪能源成本，因此人口规模较大的家庭更可能使用沼气来降低能源成本（Qu et al.，2013）。

沼气能源特征包括四个变量：补贴、年数、服务和价格。补贴通过政府补贴与总安装成本之间的比例来衡量。许多研究都表明，补贴政策在农村沼气发展中发挥着重要作用（Cheng et al.，2013；仇焕广等，2013）。但也有学者指出，补贴的效率呈现出倒 U 形曲线特征，即补贴比例增加到一定程度的时候，沼气池的平均运行时间会呈现下降趋势（Sun et al.，2014）。年数是指农户使用户用沼气或大中型沼气的总年数，年数通常与沼气使用率呈现负相关关系，随着沼气池或沼气系统产气时间的增加，其产气效率会逐渐下降，从而导致使用效率的降低（He et al.，2013）。服务表示农户对沼气后续服务的评价，用7点里克特量表来衡量，其中1表示后续非常服务差，7表示后续服务非常好，有研究指出，不良的后续服务是导致农村地区沼气利用率低的主要原因（Zhang et al.，2015），因此后续服务也是保证农村沼气可持续发展的关键因素（Wang et al.，2016）。价格是指农户从大中型沼气工程项目中购买沼气的价格，如果农户在家中安装了沼气入户系统，通常需要从大中型沼气工程项目中购买沼气，而户用沼气样本所使用的沼气来自自家的沼气池，故没有价格这个变量。宋等（Song et al.，2014）在研究中指出，沼气价格是我国农村使用大中型沼气的重要制约因素。

三、描述性分析

在1125个样本中，700个为户用沼气样本，425个为大中型沼气样本。从户主及家庭因素来看，67.0%（759）的户主为男性，平均年龄为48.04岁，平均受教育年数为5.75年，平均人口数为4.80人，年均家庭收入为2.93万元；而在大中型沼气样本中，68.0%（289）的户主为男性，平均年龄为47.54岁，平均受教育年数为5.92年，平均人口数为4.82人，年均家庭收入为3.12万元。从地理因素来看，户用沼气样本村的年平均气温为15.81℃，而大中型沼气样本村的年平均温度为15.08℃。有77%的户用沼气样本来自山区，且样本村的平均规模为113.05户，与最近中心乡镇的平均距离为3.88公里。有66%的大中型沼气用户样本居住在平原地区，样本村的平均户数为124.28户，与最近中心乡镇的平均距离为3.45公里。

我们的调查数据显示，绝大多数沼气用户都获得了较大比例的政府补贴。平均而言，户用沼气所获得的补贴比例为45.7%，将近占沼气池安装成本的一半。在四个样本省份中，湖北和贵州农村沼气用户所获得的补贴比例较高，分别占总安装成本的54.1%和50.3%，而四川和江西农村的沼气用户所获得的补贴比例相对较低，分别为39.5%和39.1%。大中型沼气用户所获得的补贴比例平均为70.9%，将近占家庭沼气系统安装总成本的3/4。其中四川和贵州大中型沼气用户所获得的比例最高，分别为84.7%和74.8%，而湖北和江西的用户所获得的比例相对较低，分别为69.9%和59.9%，但也占到总成本的一半以上。农户使用户用沼气的平均年数为

5.92 年，而使用大中型沼气的平均年数为 3.52 年。户用沼气对后续服务评价的平均分数为 2.15 分，远低于中值（4 分），表明户用沼气的受访者对后续服务的评价较差。大中型沼气用户对后续服务评价的平均分数为 5.07，说明大中型沼气用户对后续服务的评价较好。大中型沼气的平均价格为 1.26 元/立方米，其中江西沼气的平均价格最高（1.48 元/立方米），贵州次之（1.34 元/立方米），然后是湖北（1.14 元/立方米），而四川沼气的价格最低，为 1.01 元/立方米。

从表 8 - 2 可以看出，户用沼气的年均使用比率为 43.36%，表明在一年内农户平均使用沼气能源不足半年。虽然四川户用沼气补贴比例较低，但其户用沼气的年平均使用率最高，为 53.81%，贵州第二（44.30%），江西第三（40.62%），湖北最低（31.40%）。大中型沼气的年均使用率为 72.49%，表明大中型沼气用户每年有将近 3/4 的时间在使用沼气能源，明显高于户用沼气的使用率。其中湖北的使用率最高（77.29%）其次是四川（77.19%），然后是贵州（71.67%），江西的大中型沼气使用率仅为 65.37%。

表 8 - 2　　　　　　　　　　两类用户沼气使用比率比较分析

省份	户用沼气			大中型沼气		
	n	m（%）	SD	n	m（%）	SD
四川	208	53.81	8.06	95	77.19	5.04
湖北	164	31.40	11.70	120	77.29	7.32
江西	143	40.62	11.53	135	65.37	12.87
贵州	185	44.32	13.63	75	71.67	13.07
总计	700	43.36	13.96	425	72.49	11.43

第三节　实证分析

一、两类用户的比较分析

利用方差分析对影响户用沼气样本和大中型沼气样本的三大因素进行比

较，结果如表 8 - 1 所示。从地理因素看，大中型沼气用户更可能生活在平原地区（$\Delta m = -0.43$，$F = 252.73$，$p < 0.01$），且所处的村庄较大（$\Delta m = -10.83$，$F = 7.22$，$p < 0.01$），年平均气温较高（$\Delta m = 0.73$，$F = 124.38$，$p < 0.01$），距离中心城镇也较近（$\Delta m = 0.43$，$F = 3.05$，$p < 0.1$）。虽然两类沼气用户在户主特征及家庭属性上没有表现出显著差异，但在能源特征上却表现出较大的差异，大中型沼气用户获得更高的补贴比例（$\Delta m = -25.16$，$F = 1086.63$，$p < 0.01$），使用沼气的年数更短（$\Delta m = 1.96$，$F = 235.67$，$p < 0.01$），具有更积极的后续服务评价（$\Delta m = -2.91$，$F = 1443.23$，$p < 0.01$），且年均沼气使用比率比户用沼气用户高 29%（$\Delta m = -29.13$，$F = 1315.69$，$p < 0.01$）。

二、三大因素对两类用户使用行为的影响分析

我们利用两个多重回归分析三大因素对户用沼气及大中型沼气用户的影响，结果如表 8 - 3 所示。对于户用沼气而言，补贴比例对沼气的使用无显著影响，但如果沼气池的使用年数越长，农户使用沼气的频率则越低。可能的原因是：一方面，旧的沼气池缺乏有效的后期维护导致出气量少或出气不稳定；另一方面，新建的沼气池会采用更为先进的技术，使得产气效率更佳且使用更稳定（Sun et al.，2014）。后续服务评价对户用沼气的使用具有积极的影响，评价越高的农户愿意更多地使用沼气，故提供更好的后续服务能显著提升户用沼气的使用频率。还有其他一些因素在户用沼气的使用过程中起着重要作用，如村庄的年均气温是影响户用沼气使用的重要地理因素，因此在我国南方气温较高的农村地区会比北方气温较低的农村地区更适合推广户用沼气。另外，村庄的地理位置对于户用沼气的使用也很重要，地处山区的农户会比地处平原的农户更多地使用户用沼气。四个样本省份之间的比较分析发现，四川农村居民的户用沼气使用频率要显著高于其他三省的农村居民。

对于使用大中型沼气的农户而言，安装年数负向影响沼气的使用率，而服务评价会对沼气的使用产生积极作用，表明新用户和后续服务评价较高的农户会更多地使用沼气。沼气价格在大中型沼气的使用过程中起着关键作用，沼气价格越低，农户使用大中型沼气的频率越高。然而，我们意外地发现，补贴比例与大中型沼气的使用之间存在负相关关系，说明农户沼气的平均使

用时间随着补贴比例的增加而呈现下降趋势。可能的原因是：一方面，农户安装大中型沼气系统的补贴属于一次性的成本补贴，而不是基于使用过程的补贴，有学者指出这种补贴方式能显著提升农户沼气的安装率，但却不能显著提升农户沼气的使用率（Song et al.，2014）；另一方面，由于是一次性的成本补贴，补贴占安装成本的比例越高，意味着农户投入的沉没成本越低，而大中型沼气不同于户用沼气，农户在使用过程中需要从大中型沼气工程项目中购买沼气（尽管价格比较低，但仍然不能达到户用沼气几乎为零的价格），使得使用成本增加，因此，几乎为零的沉没成本和不为零的使用成本，导致获得较高补贴成本比的大中型沼气用户往往减少或停止使用沼气。在户主及家庭因素中，户主的年龄和教育水平对使用大中型沼气具有重要影响，户主年轻和受过更多教育的家庭会更多地使用沼气，可能是由于年轻和教育水平较高的户主更愿意接受新知识和新技术，也更关心自己或家人的行为对生态环境产生的影响。四个样本省份之间的比较发现，江西农村居民大中型沼气的使用率要显著低于其他三省的农村居民，而其他三省则无显著差异。

表8-3　　　　　　　　　　　多重回归分析结果

变量		户用沼气（n=700）		大中型沼气（n=425）	
		β	S. E.	β	S. E.
地理因素	温度	0.13***	0.22	0.03	0.24
	地形	-0.27***	0.97	-0.07	1.34
	村庄	0.02	0.01	-0.02	0.01
	距离	-0.02	0.10	0.01	0.08
	湖北	-0.69***	1.14	0.06	1.32
	江西	-0.38***	1.18	-0.18***	1.52
	贵州	-0.26***	1.09	0.02	1.58
户主及家庭因素	年龄	-0.01	0.07	-0.07***	0.04
	性别	0.03	0.87	-0.04	0.57
	教育	-0.03	0.19	0.05**	0.12
	家庭规模	-0.01	0.36	-0.01	0.21
	收入	-0.03	0.24	-0.01	0.09

续表

变量		户用沼气（n＝700）		大中型沼气（n＝425）	
		β	S. E.	β	S. E.
沼气能源特征	补贴	− 0. 01	0. 05	− 0. 06 **	0. 02
	年数	− 0. 07 **	0. 14	− 0. 07 ***	0. 13
	服务	0. 08 ***	0. 47	0. 21 ***	0. 16
	价格	—	—	− 0. 69 ***	0. 66
R^2		0. 46		0. 81	
F		38. 76 ***		109. 49 ***	

注：** 、*** 分别表示在5%、10%的统计水平上显著。

第四节　本章小结

一、研究结论

鼓励农村居民采纳和使用沼气能源对于应对我国能源短缺及环境恶化具有重要的现实意义。本章基于四省1125个农户的调查数据，分析了户用沼气和大中型沼气用户之间的差异，并以此为基础，深入探讨了地理因素、户主及家庭因素和沼气能源特征对这两类用户沼气使用行为的不同影响。研究结果表明，从总体来看，大中型沼气用户比户用沼气用户具有更高的沼气使用率（高29%），大中型沼气用户所获得的补贴比例更多，使用年数更短，对后续沼气服务的评价也更高。从地理因素来看，大中型沼气用户更可能居住在离中心乡镇更近、年平均气温更高，且规模更大的村庄。因此，由于大中型沼气用户具有更高的使用率，中央政府从2015年开始暂停了实施十多年的户用沼气补贴政策，转而强化大中型沼气的补贴政策，符合目前农村沼气发展的现实情况。但在某些特定的农村区域，我们仍需继续支持户用沼气的建设，因为距离中心乡镇较远的山区村落更适合发展户用沼气。

二、政策启示

从研究结论来看，对于两类用户的政策支持应具有不同的侧重：

对于户用沼气而言，由于一次性的安装补贴对于沼气的使用没有显著影响，而安装年数和服务评价具有显著的负向/正向作用，因此，对于户用沼气的政策支持应该从一次性的安装补贴政策转变为提高其使用率的补贴政策。一方面，政府可以提供后续服务补贴，如及时维护沼气池及其他相关设施，以降低由于设备损坏导致的低使用率；另一方面，政府应采取基于使用绩效的补贴措施（事后补贴），如根据农户年沼气使用量，制定阶梯式补贴，从而激励农户更多地使用沼气能源。

对于大中型沼气而言，一次性安装补贴尽管可以有效促进农户安装沼气入户系统，但从使用过程来看，却显著降低了农户对沼气的使用率，而沼气的价格是制约农户使用这种绿色能源的关键。由于较高的补贴成本比会产生几乎为零的沉没成本，使得许多沼气需求低的农户也被纳入补贴计划，而在使用过程中需要购买沼气产生不为零的使用成本，导致农户减少或停止使用沼气。因此，政府一方面要降低对大中型沼气用户的一次性安装补贴，提高其沉没成本，把这一部分补贴转换为服务补贴或价格补贴；另一方面，政府可以在建立合理的沼气定价体系中发挥作用，以平衡大中型沼气提供方与使用农户之间的利益，降低农户的使用成本，提升农户沼气的使用率。

三、研究不足与展望

尽管本章在分析户用沼气和大中型沼气用户之间差异的基础上，深入探讨了地理因素、户主及家庭特征、沼气能源特征这三大因素对这两类用户沼气使用行为的不同影响，并取得了一些具有理论和现实意义的重要结论，但也存在诸多局限，这也为后续研究提供了可能的研究方向。首先，本章的结论是基于四川、湖北、江西和贵州四省农户的调研数据，尽管样本规模较大并具有一定的代表性，但考虑到我国幅员辽阔，不同省份农村地区之间存在差异，研究结论的外部效度需要在其他省份的农村地区进一步检验；其次，我们发现了四个样本省份中农户沼气使用行为的差异，未来的研究可以围绕造成这种差异的决定因素进一步展开；最后，价格对于大中型沼气用户而言是一个关键的制约因素，通过虚拟仿真的方法研究不同定价方式对农户沼气使用行为的影响将会更有利于制定合理的定价策略。

第九章

研究结论与展望

本书在已有研究成果的基础上，沿着认知—评估—反应及价值—态度—行为的逻辑思路，通过质性分析构建出生态经济区约束下的农村居民低碳消费行为形成机制理论模型，并通过实证检验了各变量之间的关系，深入剖析了农村居民低碳能源消费行为形成的影响因素及内在机理，研究结论可以为政府制定有效的引导政策提供理论支撑。

第一节　总体研究结论

本书首先通过小规模座谈及深入访谈获取质性数据，基于计划行为理论和价值—信念—规范理论，构建出农村居民低碳能源消费行为形成机制的理论模型，然后通过实证研究对模型中部分变量间的关系进行分析。主要得出了以下结论：

（1）构建了农村居民低碳能源消费行为形成机制理论模型。通过小规模座谈、深入访谈及大规模问卷调查，对鄱阳湖生态经济区内农村居民进行了充分调研，构建出农村居民低碳能源消费行为形成机制模型，为后续研究的开展提供了理论支撑。

（2）深入分析了农村居民低碳能源消费行为影响因素的作用路径及影响程度。利用在环鄱阳湖区的 10 个样本县近 500 个农村居民样本的调查数据，以认知价值类因素、态度评估类因素和人口统计特征因素等为前置变量，沿着认知—评估—反应及价值—态度—行为的逻辑思路，建立了农村居民低碳消费行为影响因素综合模型,具体分析了影响农村居民低碳消费行为的主要因素及其作用方向和影响程度。结果表明,低碳情感、低碳价值观与责任感、宣传教育和政策法规对低碳消费态度具有显著的正向影响,而低碳消费认知负向影响低碳消费态度;低碳消费态度对低碳消费行为具有非常显著的正向影响;多群组分析结果表明,农户性别、年龄等个体特征在低碳消费行为因素模型中起着调节作用,各调节变量在不同假设路径中的影响存在差异。

(3)构建了农村居民生态消费意识与行为缺口理论模型。利用访谈数据,基于扎根理论,构建出了农村居民生态消费意识与行为缺口模型,该模型能在一定程度上解释农村居民生态消费意识与行为产生不一致的原因,在理论上丰富和发展了关于我国农村居民生态消费方面的研究。从内部驱动力(内因)和外在影响因素(外因)出发,通过实证分析确定了哪些因素(如社会文化、政府政策)在意识—行为的转化过程中起着推进作用,哪些因素(生活方式)在意识—行为的转化过程中起着阻碍作用,为进一步研究如何有针对性地弱化阻碍因素的影响、强化推进因素的作用奠定了理论基础。

(4)利用聚类分析把农村居民低碳能源消费行为划分为三类。基于鄱阳湖生态经济区的调查数据,从人口统计变量、认知因素、情境因素、信念因素四个维度对农户低碳能源消费进行聚类分析,探讨群间差异及群内共性。结果表明:鄱阳湖生态经济区农户可细分为消极型、中间型和积极型3类低碳能源消费群体;群体间存在明显的异质性,女性、年轻、受教育程度高的被调查者和家庭规模较小、收入低、儿童多的农户多为积极型低碳能源消费群体,家庭结构是影响农户能源消费的重要因素。进一步的研究表明,不同政策工具对3类农户低碳能源消费行为均存在正向且较弱的作用,对积极型农户群体的效果最明显,然后是消极型、中间型群体。

(5)探讨了引导政策对不同农村居民群体低碳能源消费行为绩效的影响。具体分析了政策工具(信息工具、经济工具、行政工具及物理工具)对不同农村居民群体低碳能源消费行为的影响方式及影响程度。结果表明,信息工具的引导干预作用最有效,但信息工具倾向于导致更高的认知水平,不必然带来行为的改变和能源的节约,它的影响需要较长时间。经济工具的作用不明显,现阶段我国对居民能源消费行为的引导十分重视,经济工具的使用最频繁，总体上多数学者认同经济激励政策的重要性，但特定的经济政策并不必然会诱发居民的低碳能源消费行为，我国政府多使用外部奖励或惩罚的干预，忽略了内部控制的力量，只有短期效果，如果信息反馈频繁，信息工具的优点会很显著。行政工具能有效地激励节能行为，但需要政府政策宣传并进行监管。物理工具能起到相对的效果，主要是通过推进能源设备的改进来实现，如能与惩罚性工具保持一致，效果会更显著。

（6）分析了农村居民具体低碳能源消费行为引导政策路径选择。一方面，利用调研数据，通过构建序列决策模型，探讨了农村居民太阳能热水器的采纳决策及使用强度。结果表明，在采纳阶段，地理因素（日照时间、村庄规模）及家庭属性（家庭收入、建筑面积、建筑材料）具有重要的作用，而在使用阶段，人口特征（户主年龄、户主性别、婚姻状态、教育水平）的影响则更为显著。政府补贴政策的感知对于农户采纳太阳能热水器具有重要的作用。尽管太阳能技术的感知不会对采纳决策产生显著影响，但农户一旦采纳，技术感知越强的农户就会更多地使用太阳能热水器。这些研究结论对于政府相关部门制定政策以促进农村居民采纳及使用太阳能热水器具有一定的参考价值。由于影响农户采纳和使用决策的因素存在差异，我们应该在这两个不同的阶段设计不同的刺激政策。另外，我们利用四川、湖北、江西及贵州四省的调查数据，实证分析了户用沼气和大中型沼气用户之间的差异，并以此为基础深入探讨了地理因素、户主及家庭因素、沼气能源特征对这两类用户沼气使用行为的不同影响。结果发现，这两类用户在沼气使用比例、补贴成本比、沼气服务评价、地理条件等方面表现出很大的差异。对于户用沼气而言，安装年数及服务评价是沼气使用的重要预测因素；对于大中型沼气而言，除了安装年数和服务评价以外，补贴成本比对沼气的使用产生了负向影响，且沼气价格是制约沼气使用的关键因素。研究结论可以为政府政策选择提供借鉴和参考。

第二节 研究启示

本书对生态经济区农村居民进行了大样本调查，有助于深入了解农村居民低碳能源消费的具体行为，掌握能源消费政策在农村中所产生的效果，探明在实施上存在的问题及原因，解析不同政策工具对不同农村居民群体低碳能源消费行为的作用方向和强度，有助于主管部门根据政策目标有针对性地选择政策措施，有效引导农村居民的低碳能源消费从观念到行动的转变。这些研究对于推进鄱阳湖生态经济区建设，降低碳排放，减少农村污染，保护鄱阳湖"一湖清水"，有着重要的现实意义，同时也可为全国其他省份提供借鉴和参考。具体的研究启示主要体现在以下几个方面：

（1）从农村居民环境价值观与责任感上来看，要帮助农户树立正确的低碳价值观，提高农户低碳责任意识，以便促进农户实施低碳消费行为。部分农户认为，自身有权利改造自然以满足自身的需要，也有农户表示环境保护是国家的重要责任，自己对环境的贡献不是自己应尽的义务，这种环境价值观与责任意识非常不利于环境的保护。应通过农村居民委员会组织相关讲座与培训，改变部分农户对大自然错误的看法，帮助农户树立正确的价值观；对于提高农村居民的低碳责任意识，要从两个方面入手：一是低碳责任的"无意识观"到低碳责任的"贡献观"；二是低碳责任的"贡献观"到低碳责任的"义务观"。居民正确价值观的树立及低碳责任意识的提高，是一个漫长的过程，需要有关部门制定相应的政策措施，帮助农户树立正确的低碳价值观，促使居民形成低碳责任的"贡献观"，提高农户低碳责任意识，从而产生强烈的心理压力，最终形成低碳责任的"义务观"，从而更积极地去实施低碳消费行为。

（2）农村居民低碳消费意识与行为的一致性上来看，一是尽管农村居民的生态消费意识是其生态消费行为发生的内在驱动力，但其作用的大小却存在差别。政府或企业要从农村居民的内因上去影响其生态消费行为，利用情感策略可能会更为有效，因此要特别注意采取情感策略激发农村居民对生态环境问题的情感共鸣。二是虽然生态消费意识的三个维度均能对行为产生正向影响，但如把提升农村居民的生态认知策略、激发生态情感策略及强化生态观念策略结合使用，会比单独使用某一具体策略更为有效。三是由于农村居民的生活方式会弱化生态消费意识对行为的正向影响，而社会文化及政府政策会强化这种影响，因此，一方面要重视通过宣传教育弘扬传统文化，从文化价值观上唤起农村居民对生态问题的关注，以促进农村居民的生态消费，另一方面要扩大政府政策支持范围和力度，如采取太阳能补贴、沼气池改造等措施，对农村居民高生态化的生活方式进行正向激励，以逐渐改变其传统的低生态化的生活方式，促进可持续性消费。

（3）从促进农村居民低碳能源消费的政策上来看，首先是要加强前置策略。一方面，要加大低碳信息和节能建议宣传力度。由于农村居民社交距离更短，被群体认可的需要是诱发行为的强有力动机，因此政府更要采取多种形式开展低碳节能教育活动，增强低碳节能意识，普及低碳节能技术和方法；企业可以充分利用意见领袖的作用，树立低碳能源消费榜样，进行低碳产品信息宣传。另一方面，要建立低碳目标预设机制，政府部门和企业应该设定能够达到的能源消费目标，通过低碳产品采购、践行低碳消费方式等起到积极引导作用。其次是完善后果策略。一方面，要建立多形式综合的用能信息反馈制度。各级政府可以考虑建立直接反馈（通过能源显示器、电脑等即时获得能源消费信息）、间接反馈（从账单或其他方式获得的能源消费信息）、无意识的反馈（社区项目）和效用控制反馈（智能电表）相结合的信息反馈制度，以及时的、持续的、频繁的、具体的反馈信息干预消费者的能源消费行为，促使能源节约。另一方面，要建立多层次、广内涵的低碳激励机制。"多层次"表现在激励对象上，从原来以较大规模企业激励为主转向包含大中小企业、家庭和个人节能的层级型经济激励机制。通过政府及非政府组织（NGO 等）提供回报以鼓励消费者实施节能行为，巩固节能型生活方式。"广内涵"表现在激励方式上，为避免只有激励发生时能源消费行为才会短期改变却不能长期维持的现象，应以多样的激励方式弱化激励的短期效应，结合正向激励（具有软约束力的补贴、减税）、反向激励（罚款、提高价格等）和限制激励（强制性规定）三种方式鼓励居民节能行为。最后是调整结构策略。一方面，应设立特别基金，开展能源消费审计。由于进行了能源审计的家庭能够大大减少能源使用，虽然就我国现状来看，在广大农村地区推广能源审计干预措施的可行性较低，但可以走"城市包围农村"的战略稳步推广，以多个试点展开审计，以点带面。另一方面，应提供节能产品或服务，实施产品节能分级定价。根据国情和发展现状，不断地进行政策创新、产品创新和服务创新，如强制推广新建住房的住宅节能材料和低碳技术，同时积极推进住宅采暖供热设施的改良，有计划地推动已有住宅的节能改造等；在强制性推广节能产品的基础上，实施产品节能等级认证和定价制度，让消费者在购买时对产品的节能性能有明确的认知，从而达到有效引导消费者需求和购买选择行为的目标。

（4）从农村居民太阳能热水器的采纳及使用上来看，在太阳能热水器的采纳阶段，首先，政府应该更多地关注具有更长日照时间的农村区域及更多农村居民的村庄；其次，要与其他的农村政策（如新农村建设政策）相衔接，政府应鼓励农村居民在住房改造时采用砖混结构，以便更适合在屋顶上安装太阳能热水器；再次，由于家庭收入低是农户采纳太阳能热水器的一个障碍，政府一方面要采取措施降低农户的购买成本，另一方面要帮助低收入家庭提高家庭收入；最后，考虑到农户对补贴政策的认知对其采纳行为具有重要影响，政府在制定补贴政策的同时，要使补贴政策易于理解，还要注意宣传，提高农村居民的政策认知水平。在太阳能热水器的使用阶段，首先，政府要扩大对太阳能知识及技术的宣传和教育（使用方法、工作原理等），因为农村居民一旦采纳以后，对太阳能知识及技术的了解会大大提升他们的使用水平；其次，由于农村居民的人口特征对使用水平具有重要的影响，因此在农村推广太阳能热水器时要更多地关注户主受教育程度较高、已婚且相对年轻的家庭；最后，政府在实施购买补贴政策的同时，可以制定相应的长期激励政策，以提升农村居民太阳能热水器的使用水平。

（5）从户用沼气及大中型沼气使用的比较上来看，需要采取不同的支持政策。对于户用沼气而言，政策支持应该从一次性的安装补贴政策转变为提高其使用率的补贴政策。一方面，政府可以提供后续服务补贴，如及时维护沼气池及其他相关设施，以降低由于设备损坏导致的低使用率；另一方面，政府采取基于使用绩效的补贴措施（事后补贴），如根据农户年沼气使用量，制定阶梯式补贴，从而激励农户更多地使用沼气能源。对于大中型沼气而言，一次性安装补贴尽管可以有效促进农户安装沼气入户系统，但在使用过程中却显著降低了农户对沼气的使用率，而沼气的价格是制约农户使用这种绿色能源的关键。由于较高的补贴成本比会产生几乎为零的沉没成本，使得许多沼气需求低的农户也被纳入补贴计划，而在使用过程中需要购买沼气产生不为零的使用成本，导致农户减少或停止使用沼气。因此，一方面，政府要降低对大中型沼气用户的一次性安装补贴，提高其沉没成本，把这一部分补贴转换为服务补贴或价格补贴；另一方面，政府可以在建立合理的沼气定价体系中发挥作用，以平衡大中型沼气提供方与使用农户之间的利益，降低农户的使用成本，提升农户沼气的使用率。

第三节　研究展望

　　尽管本书通过规范性研究对农村居民低碳能源消费行为进行了探讨，取得了一些有理论参考价值及实践借鉴意义的研究成果，但还存在诸多局限和不足，未来研究可以针对这些不足之处进一步展开。

　　第一，农村居民低碳消费行为的影响因素有待进一步挖掘。由于影响农村居民低碳消费行为的因素众多，本书根据所设定的研究模型及因素对低碳消费行为影响的重要性，选取了低碳消费知识、低碳情感、低碳价值观与责任感、宣传教育、政策法规和低碳消费态度等变量，研究了其对低碳消费行为的影响，在未来的研究中，可以考虑从其他视角切入分析农村居民低碳消费行为的影响因素。

　　第二，农村居民低碳消费意识与行为异质性的探讨有待进一步深化。首先，本书基于江西生态文明示范区内农村居民的访谈资料和调研数据构建了理论模型并开展了实证研究，理论模型是否适合其他省份及地区需进一步验证，且实证检验结果的外部效度也需进一步拓展；其次，由于理论模型所涉及的变量较多，我们不能在一次实证分析中纳入所有变量，因此需要在后续的研究中对理论模型里的其他变量进行逐步验证；最后，为了避免实证分析过于复杂，我们只验证了生态消费意识三维度的两两交互，未考虑三阶交互作用，在调节效应分析中，我们也仅分析了单变量的调节作用，而未探讨双变量或三变量的调节效应。

　　第三，农村居民低碳消费的干预政策研究有待进一步细化。尽管本书从前置策略、后果策略及结构策略上提出了农村居民低碳能源购买及使用行为的干预政策，但就每一类政策中的具体措施没有展开细致研究，但从具体政策的操作性上来看，通过政策模拟或自然实验分析各项政策对农村居民低碳能源的购买、使用及管理行为的影响更具实践意义。另外，综合考察不同类型的干预政策在农村居民低碳消费行为形成的不同阶段（事前、事中、事后）的影响方式及程度，并以此为基础，提出不同行为阶段的干预政策，亦是以后的重点研究方向。

参 考 文 献

[1] 白光林，李国昊. 绿色消费认知、态度、行为及其相互影响 [J]. 城市问题，2012 (9)：64 -68.

[2] 柴建，郭菊娥，汪寿阳. 能源价格变动对中国节能降耗的影响效应 [J]. 中国人口·资源与环境，2012，22 (2)：33 -40.

[3] 蔡亚庆，仇焕广，王金霞等. 我国农村户用沼气使用效率及其影响因素研究——基于全国五省调研的实证分析 [J]. 中国软科学，2012 (8)：58 -64.

[4] 陈操操. 北京市能源消费与经济增长关系的协整检验分析 [J]. 环境科学，2012，33 (6)：2139 -2144.

[5] 陈利顺. 城市居民能源消费行为研究 [D]. 大连理工大学，2009.

[6] 陈利顺等. 城市居民能源消费行为的评价方法研究 [J]. 软科学，2009，22 (12)：29 -33.

[7] 陈诗一. 能源消耗、二氧化碳排放与中国工业的可持续发展 [J]. 经济研究，2009 (4)：41 -55.

[8] 仇焕广，蔡亚庆，白军飞等. 我国农村户用沼气补贴政策的实施效果研究 [J]. 农业经济问题，2013 (2)：85 -92，112.

[9] 储成兵. 农户病虫害综合防治技术的采纳决策和采纳密度研究——基于 Double Hurdle 模型的实证分析 [J]. 农业技术经济，2015 (9)：117 -127.

[10] 方松海，孔祥智. 农户禀赋对保护地生产技术采纳的影响分析——以陕西、四川和宁夏为例 [J]. 农业技术经济，2005 (3)：35 -42.

[11] 费孝通. 乡土中国 [M]. 北京：北京出版社，2005.

[12] 高瑛等. 农户生态友好型农田土壤管理技术采纳决策分析——以

山东省为例 [J]. 农业经济问题, 2017 (1): 38 – 47.

[13] 郭琪. 公众节能行为的经济分析及政策引导研究 [D]. 山东大学, 2007.

[14] 郭琪, 樊丽明. 城市家庭节能措施选择偏好的联合分析 [J]. 中国人口·资源与环境, 2007, 17 (3): 149 – 153.

[15] 贺爱忠, 戴志利. 农村消费者生态心理意识对生态消费影响的实证分析 [J]. 中国农村经济, 2009 (12): 67 – 76.

[16] 贺爱忠, 邓天翔. 典型非绿色消费行为形成机理研究 [J]. 经济管理, 2014 (1): 77 – 87.

[17] 胡李妹, 余福茂. 消费者电子废弃物回收行为意向研究 [J]. 杭州电子科技大学学报 (社会科学版), 2012, 8 (3): 19 – 24.

[18] 姜磊, 季民河. 基于 STRIPAT 模型的上海市能源消费影响因素研究 [J]. 上海环境科学, 2012 (6): 240 – 244.

[19] 梁育填等. 西南山区农村生活能源消费结构的影响因素分析——以云南省昭通市为例 [J]. 地理学报, 2012, 67 (2): 221 – 229.

[20] 仇焕广, 蔡亚庆, 白军飞, 等. 我国农村户用沼气补贴政策的实施效果研究 [J]. 农业经济问题, 2013 (2): 85 – 92, 112.

[21] 李颖, 孙永明, 李东等. 中外沼气产业政策浅析 [J]. 新能源进展, 2014, 2 (6): 413 – 422.

[22] 马宏伟等. 基于生产函数的中国能源消费与经济增长的多变量协整关系的分析 [J]. 资源科学, 2012, 34 (12): 2374 – 2381.

[23] 孟凡生, 李美莹. 我国能源消费影响因素评价研究——基于突变级数法和改进熵值法的分析 [J]. 系统工程, 2012, 224 (8): 10 – 15.

[24] 芈凌云. 城市居民低碳化能源消费行为及政策引导研究 [D]. 中国矿业大学, 2011.

[25] 米松华等. 农户低碳减排技术采纳行为研究 [J]. 浙江农业学报, 2014, 26 (3): 790 – 797.

[26] 彭新宇. 畜禽养殖污染防治的沼气技术采纳行为及绿色补贴政策研究 [D]. 中国农业科学院, 2007.

[27] 乔玮, 李冰峰, 董仁杰, 等. 德国沼气工程发展和能源政策分析 [J]. 中国沼气, 2016, 34 (3): 74 – 80.

[28] 舒娱琴. 中国能源消费碳排放的时空特征 [J]. 生态学报, 2012, 32 (16)：4950 - 4960.

[29] 王火根, 李娜. 农户购买太阳能热水器行为的影响因素分析——基于鄱阳湖生态经济区 1500 户农户数据 [J]. 农林经济管理学报, 2016, 15 (1)：98 - 105.

[30] 汪海波, 辛贤. 中国农村沼气消费及影响因素 [J]. 中国农村经济, 2007 (11)：60 - 65.

[31] 汪海波, 辛贤. 农户采纳沼气行为选择及影响因素分析 [J]. 农业经济问题, 2008 (12)：79 - 85.

[32] 王建明, 贺爱忠. 消费者低碳消费行为的心理归因和政策干预路径：一个基于扎根理论的探索性研究 [J]. 南开管理评论, 2011 (4)：80 - 89.

[33] 王建明, 王俊豪. 公众低碳消费模式的影响因素模型与政府管制政策——基于扎根理论的一个探索性研究 [J]. 管理世界, 2011 (4)：58 - 68.

[34] 王建明. 环境情感的维度结构及其对消费碳减排行为的影响——情感—行为的双因素理论假说及其验证 [J]. 管理世界, 2015 (12)：82 - 95.

[35] 王强, 伍世代, 李婷婷. 中国工业经济转型过程中能源消费与碳排放时空特征研究 [J]. 地理科学, 2011, 31 (1)：36 - 41.

[36] 席建超, 赵美风, 葛全胜. 乡村旅游诱导下农户能源消费模式的演变——基于六盘山生态旅游区的农户调查分析 [J]. 自然资源学报, 2011, 26 (6)：981 - 991.

[37] 严刚. 环境空气质量约束下珠江三角洲能源消费模式研究 [J]. 环境科学学报, 2011, 31 (7)：1493 - 1500.

[38] 杨传喜, 张俊飚, 徐卫涛. 农户技术需求的优先序及影响因素分析 [J]. 西北农林科技大学学报, 2011, 11 (1)：41 - 47.

[39] 杨唯一, 鞠晓峰. 基于博弈模型的农户技术采纳行为分析 [J]. 中国软科学, 2014, (11)：42 - 49.

[40] 姚建平. 论家庭能源消费行为研究 [J]. 能源研究与利用, 2009, (4)：7 - 12.

[41] 于伟. 消费者绿色消费行为形成机理分析——基于群体压力和环境认知的视角 [J]. 消费经济, 2009, 24 (4)：75 - 77, 96.

[42] 张海鹏, 牟俊霖, 尹航. 林区农村家庭生活能源消费需求实证分析——基于双扩展的线性支出系统模型 [J]. 中国农村经济, 2010 (7): 64-74.

[43] 张馨等. 中国城市化进程中的居民家庭能源消费及碳排放研究 [J]. 中国软科学, 2011 (9): 65-75.

[44] 张艳. 家庭直接能耗的碳排放影响因素研究进展 [J]. 经济地理, 2011, 31 (2): 284-288.

[45] 张艳, 秦耀辰. 城市居住区内家庭直接能耗碳排放差异研究 [J]. 生态经济, 2012 (4): 42-46.

[46] 张艳等. 我国城市居民直接能耗的碳排放类型及影响因素 [J]. 地理研究, 2012, 31 (2): 345-356.

[47] 张毅祥, 王兆华. 基于计划行为理论的节能意愿影响因素——以知识型员工为例. 北京理工大学学报 (社会科学版), 2012 (6): 7-13.

[48] 赵进文, 范继涛. 经济增长与能源消费内在依从关系的实证研究 [J]. 经济研究, 2007, 472 (8): 31-42.

[49] 赵连阁, 蔡书凯. 农户 IPM 技术采纳行为影响因素分析——基于安徽省芜湖市的实证 [J]. 农业经济问题, 2012 (3): 50-57.

[50] 朱红根, 康兰媛, 周署东. 南方稻区季节性干旱农户适应行为及其影响因素实证分析 [J]. 自然资源学报, 2016, 31 (9): 1540-1552.

[51] 朱永彬等. 基于经济模拟的中国能源消费与碳排放高峰预测 [J]. 地理学报, 2009, 64 (8): 935-944.

[52] 朱月季, 高贵现, 高德翼. 基于主体建模的农户技术采纳行为的演化分析 [J]. 中国农村经济, 2014 (4): 58-73.

[53] Abrahamse W, Steg L. How do socio-demographic and psychological factors relate to households' direct and indirect energy use and savings? [J]. Journal of Economic Psychology, 2009, 30 (5): 711-720.

[54] Abrahamse W, et al. The effect of tailored information, goal setting, and tailored feedback on household energy use, energy-related behaviors, and behavioral antecedents [J]. Journal of Environmental Psychology, 2007, 27 (4): 265-276.

[55] Allcott H. Social norms and energy conservation [J]. Journal of Public

Economics, 2011, 95 (9): 1082 – 1095.

[56] Awotide B A, et al. Agricultural technology adoption, commercialization and smallholder rice farmers' welfare in rural Nigeria [J]. Agricultural and Food Economics, 2016, 4 (1): 1 – 24.

[57] Bamberg S, Möser G. Twenty years after Hines, Hungerford, and Tomera: A new meta-analysis of psycho-social determinants of pro-environmental behaviour [J]. Journal of Environmental Psychology, 2007, 27 (1): 14 – 25.

[58] Barkenbus J N. Eco-driving: An overlooked climate change initiative [J]. Energy Policy, 2010, 38 (2): 762 – 769.

[59] Barr S, Gilg A W, Ford N. The household energy gap: Examining the divide between habitual-and purchase-related conservation behaviours [J]. Energy Policy, 2005, 33 (11): 1425 – 1444.

[60] Benli H. Potential application of solar water heaters for hot water production in Turkey [J]. Renewable and Sustainable Energy Reviews, 2016 (54): 99 – 109.

[61] Bergtold J S, et al. Demographic and management factors affecting the adoption and perceived yield benefit of winter cover crops in the southeast [J]. Journal of Agricultural and Applied Economics, 2012, 44 (1): 99 – 116.

[62] Brenčič V, Young D. Time-saving innovations, time allocation, and energy use: Evidence from Canadian households [J]. Ecological Economics, 2009, 68 (11): 2859 – 2867.

[63] Bohlen G, Schlegelmilch B B, Diamantopoulos A. Measuring ecological concern: A multi-construct perspective [J]. Journal of Marketing Management, 1993, 9 (4): 415 – 430.

[64] Carrete L, et al. Green consumer behavior in an emerging economy: confusion, credibility, and compatibility [J]. Journal of Consumer Marketing, 2012, 29 (7): 470 – 481.

[65] Carrus G, Passafaro P, Bonnes M. Emotions, habits and rational choices in ecological behaviors: The case of recycling and use of public transportation [J]. Journal of Environmental Psychology, 2008, 28 (1): 51 – 62.

[66] Cecelski E. The Role of Women in Sustainable Energy Development

[J]. Colorado: Department of Energy Laboratory, 2000.

[67] Chan R Y. Determinants of Chinese consumers' green purchase behavior [J]. Psychology & Marketing, 2001, 18 (4): 389 – 413.

[68] Chang K, et al. Outlook for solar water heaters in Taiwan [J]. Energy Policy, 2008, 36 (1): 66 – 72.

[69] Chen C, et al. Who wants solar water heaters and alternative fuel vehicles? Assessing social-psychological predictors of adoption intention and policy support in China [J]. Energy Research & Social Science, 2016 (15): 1 – 11.

[70] Chen Q, Yang H R, Liu T B. Household biomass energy choice and its policy implications on improving rural livelihoods in Sichuan, China [J]. Energy Policy, 2016 (93): 291 – 302.

[71] Cheng S K, Li Z F, Justin Shih, et al. A field study on acceptability of 4 – in – 1 biogas systems in Liaoning Province, China [J]. Energy Procedia, 2011 (5): 1382 – 1387.

[72] Cheng S K, Li Z F, Mang H P, et al. A review of prefabricated biogas digesters in China [J]. Renewable and Sustainable Energy Reviews, 2013 (28): 738 – 748.

[73] Cragg J G. Some statistical models for limited dependent variables with application to the demand for durable goods [J]. Journal of the Econometric Society, 1971, 39 (5): 829 – 844.

[74] Curtis F A, Simpson – Housley P, et al. Household energy conservation and locus of control: A research note [J]. International Journal of Energy Research, 1984, 8 (1): 89 – 93.

[75] De Groot J I, Steg L. Relationships between value orientations, self-determined motivational types and pro-environmental behavioral intentions [J]. Journal of Environmental Psychology, 2010, 30 (4): 368 – 378.

[76] Dietz T, Dan A, Shwom R. Support for Climate Change Policy: Social Psychological and Social Structural Influences [J]. Rural Sociology, 2009, 72 (2): 185 – 214.

[77] Dietz T, Stern P C, Weber E U. Reducing Carbon-based Energy Consumption through Changes in Household Behavior [J]. Daedalus, 2013, 142

(1): 78 - 89.

[78] Druckman A, Jackson T. The carbon footprint of UK households 1990 - 2004: A socio-economically disaggregated, quasi-multi-regional input-output model [J]. Ecological Economics, 2009, 68 (7): 2066 - 2077.

[79] Dupont D P. Do children matter? An examination of gender differences in environmental valuation [J]. Ecological Economics, 2004, 49 (3): 273 - 286.

[80] Egmond C, Jonkers R, Kok G. One size fits all? Policy instruments should fit the segments of target groups [J]. Energy Policy, 2006, 34 (8): 3464 - 3474.

[81] Eriksson L, Garvill J, Nordlund A M. Interrupting habitual car use: The importance of car habit strength and moral motivation for personal car use reduction [J]. Transportation Research Part F: Traffic Psychology and Behaviour, 2008, 11 (1): 10 - 23.

[82] Fen C, Yu G, Wei L. Maximal methane potential of different animal manures collected in northwest region of China [J]. International Journal of Agricultural and Biological Engineering, 2017, 10 (1): 202 - 208.

[83] Fraj E, Martine E. Ecological consumer behaviour: An empirical analysis [J]. International Journal of Consumer Studies, 2007, 31 (1): 26 - 33.

[84] Fransson N, Gärling T. Environmental concern: Conceptual definitions, measurement methods, and research findings [J]. Journal of Environmental Psychology, 1999, 19 (4): 369 - 382.

[85] Gans W. The Role of Prices and Information in Residential Energy Consumption and Investment Behavior [D]. University of Maryland: Maryland, 2012.

[86] Gillingham K, Newell R G, Palmer K. Energy efficiency economics and policy [J]. National Bureau of Economic Research, 2009 (6): 1 - 38.

[87] Gosens J, Lu Y L, He G Z, et al. Sustainability effects of household-scale biogas in rural China [J]. Energy Policy, 2013 (54): 273 - 287.

[88] Gu L, Zhang Y X, Wang J Z, et al. Where is the future of China's biogas? Review, forecast, and policy implications [J]. Petroleum Science,

2016, 13 (3): 604 - 624.

[89] Guerin D A, Yust B L, Coopet J G. Occupant predictors of household energy behavior and consumption change as found in energy studies since 1975 [J]. Family and Consumer Sciences Research Journal, 2009, 29 (1): 48 - 80.

[90] Guo F, et al. Analysis of achievable residential energy-saving potential and its implications for effective policy interventions: A study of Xiamen city in southern China [J]. Renewable and Sustainable Energy Reviews, 2016 (62): 507 - 520.

[91] Gynther L, Mikkonen I, Smits A. Evaluation of European energy behavioural change programmes [J]. Energy Efficiency, 2012, 5 (1): 67 - 82.

[92] Hamamoto M. Energy-saving behavior and marginal abatement cost for household CO_2 emissions [J]. Energy Policy, 2013 (63): 809 - 813.

[93] Han J, et al. Solar water heaters in China: A new day dawning [J]. Energy Policy, 2010, 38 (1): 383 - 391.

[94] Hawcroft L J, Milfont T L. The use (and abuse) of the new environmental paradigm scale over the last 30 years: A meta-analysis [J]. Journal of Environmental Psychology, 2010, 30 (2): 143 - 158.

[95] He G Z, Blumemling B, Arthru P J, et al. Comparing centralized and decentralized bio-energy systems in rural China [J]. Energy Policy, 2013 (63): 34 - 43.

[96] Heckman JJ. The common structure of statistical models of truncation, sample selection and limited dependent variables and a simple estimator for such models [J]. Annuals of Economic Social Measurement, 1976, 5 (4): 475 - 492.

[97] Hines J M, Hungerford H R, Tomera A N. Analysis and synthesis of research on responsible environmental behavior: A meta-analysis [J]. The Journal of Environmental Education, 1987, 18 (2): 1 - 8.

[98] Huang H F. China's Industrial Development in the 21st Century ed. by Mu Yang and Hong Yu (review) [J]. China Review International, 2016, 20 (3 - 4): 409 - 411.

[99] Jagodič G, Dermol V, Breznik K, Vaupot S R. Factors of green pur-

chasing behavior [J]. International Journal of Innovation and Learning, 2016, 20 (2): 138 - 153.

[100] Jansson J, Marell A, Nordlund A. Elucidating green consumers: A cluster analytic approach on proenvironmental purchase and curtailment behaviors [J]. Journal of Euromarketing, 2009, 18 (4): 245 - 267.

[101] Karakaya E, et al. Diffusion of eco-innovations: A review [J]. Renewable and Sustainable Energy Reviews, 2014 (33): 392 - 399.

[102] Klöckner C A, Blöbaum A. A comprehensive action determination model: Toward a broader understanding of ecological behaviour using the example of travel mode choice [J]. Journal of Environmental Psychology, 2010, 30 (4): 574 - 586.

[103] Kristrom B, Riera P. Is the income elasticity of environmental improvements less than one? [J]. Environmental and Resource Economics, 1996, 7 (1): 45 - 55.

[104] Lacasse K. Don't be satisfied, identify! Strengthening positive spillover by connecting pro-environmental behaviors to an "environmentalist" label [J]. Journal of Environmental Psychology, 2016, 48 (12): 149 - 158.

[105] Laroche M, Bergeron J, Barbaro - Forleo G. Targeting consumers who are willing to pay more for environmentally friendly products [J]. Journal of Consumer Marketing, 2001, 18 (6): 503 - 520.

[106] Larson L R, Stedman R C, Cooper C B, Decker D J. Understanding the multi-dimensional structure of pro-environmental behavior [J]. Journal of Environmental Psychology, 2015, 43 (9): 112 - 124.

[107] Li W, et al. Comparing solar water heater popularization policies in China, Israel and Australia: The roles of governments in adopting green innovations [J]. Sustainable Development, 2013, 21 (3): 160 - 170.

[108] Lindén A, Carlsson - Kanyama A, Eriksson B. Efficient and inefficient aspects of residential energy behaviour: What are the policy instruments for change? [J]. 2006, 34 (12): 1918 - 1927.

[109] Liu W, et al. Rural public acceptance of renewable energy deployment: The case of Shandong in China [J]. Applied Energy, 2013 (102):

1187 - 1196.

[110] Liu Y, et al. Determinants of agricultural water saving technology adoption: An empirical study of 10 provinces of China [J]. Ecological Economy, 2008 (4): 462 - 472.

[111] Long J E. An econometric analysis of residential expenditures on energy conservation and renewable energy sources [J]. Energy Economics, 1993, 15 (4): 232 - 238.

[112] Ma B, et al. Diffusion of solar water heaters in regional China: Economic feasibility and policy effectiveness evaluation [J]. Energy Policy, 2014 (72): 23 - 34.

[113] Mallett A. Social acceptance of renewable energy innovations: The role of technology cooperation in urban Mexico [J]. Energy Policy, 2007, 35 (5): 2790 - 2798.

[114] Maloney M P, Ward M P, Braucht G N. A revised scale for the measurement of ecological attitudes and knowledge [J]. American Psychologist, 1975, 30 (7): 787 - 790.

[115] Markowitz E M, et al. Profiling the "Pro - Environmental Individual": A Personality Perspective [J]. Journal of Personality, 2012, 80 (1): 81 - 111.

[116] Martin B, Simintiras A C. The impact of green product lines on the environment: Does what they know affect how they feel? [J]. Marketing Intelligence & Planning, 1995, 13 (4): 16 - 23.

[117] Martinsson J, et al. Energy saving in Swedish households. The (relative) importance of environmental attitudes [J]. Energy Policy, 2011, 39 (9): 5182 - 5191.

[118] McDougall G. H. The green movement in Canada: Implications for marketing strategy [J]. Journal of International Consumer Marketing, 1993, 5 (3): 69 - 87.

[119] McKenzie - Mohr D, et al. Determinants of responsible environmental behavior [J]. Journal of Social Issues, 2010, 51 (4): 139 - 156.

[120] Mills B F, Schleich J. Profits or preferences? Assessing the adoption of residential solar thermal technologies [J]. Energy Policy, 2009, 37 (10):

4145 – 4154.

[121] Mills B F, Schleich J. Why don't households see the light? Explaining the diffusion of compact fluorescent lamps [J]. Resource and Energy Economics, 2010, 32 (3): 363 – 378.

[122] Minx J, et al. Carbon footprints of cities and other human settlements in the UK [J]. Environmental Research Letters, 2013, 8 (3): 35 – 39.

[123] Moser C M, Barrett C. B. The complex dynamics of smallholder technology adoption: The case of SRI in Madagascar [J]. Agricultural Economics, 2006, 35 (3): 373 – 388.

[124] Noll D, et al. Solar community organizations and active peer effects in the adoption of residential PV [J]. Energy Policy, 2014 (67): 330 – 343.

[125] Nordlund A M, Garvill J. Value structures behind pro-environmental behavior [J]. Environment and Behavior, 2002, 34 (6): 740 – 756.

[126] Ouyang J, Hokao K. Energy-saving potential by improving occupants' behavior in urban residential sector in Hangzhou City, China [J]. Energy and Buildings, 2009, 41 (7): 711 – 720.

[127] Pedersen E R, Neergaard P. Caveat emptor-let the buyer beware! Environmental labelling and the limitations of "green" consumerism [J]. Business Strategy and the Environment, 2006, 15 (1): 15 – 29.

[128] Qu W, Tu Q, Bluemling B. Which factors are effective for farmers' biogas use? – Evidence from a large-scale survey in China [J]. Energy Policy, 2013 (63): 26 – 33.

[129] Reddy B S, Srinivas T. Energy use in Indian household sector – An actor-oriented approach [J]. Energy, 2009, 34 (8): 992 – 1002.

[130] Richins M L, Dawson S. A consumer values orientation for materialism and its measurement: Scale development and validation [J]. Journal of Consumer Research, 1992, 19 (3): 303 – 316.

[131] Ryan A M. ANU – Digital Collections: An exploration of the descriptive validity of surveys designed to measure psychological and economic definitions of environmental value [D]. Canberra: Australian National University, 2012.

[132] Sardianou E. Estimating energy conservation patterns of Greek house-

holds [J]. Energy Policy, 2007, 35 (7): 3778 –3791.

[133] Singh N. Exploring socially responsible behaviour of Indian consumers: An empirical investigation [J]. Social Responsibility Journal, 2009, 5 (2): 200 –211.

[134] Song Z L, Chao Z, Yang G H, et al. Comparison of biogas development from households and medium and large-scale biogas plants in rural China [J]. Renewable and Sustainable Energy Reviews, 2014 (33): 204 –213.

[135] Steg L. Promoting household energy conservation [J]. Energy Policy, 2008, 36 (12): 4449 –4453.

[136] Steg L, Vlek C. Encouraging pro-environmental behaviour: An integrative review and research agenda [J]. Journal of Environmental Psychology, 2009, 29 (3): 309 –317.

[137] Stern P C, et al. A value-belief-norm theory of support for social movements: The case of environmentalism [J]. Human Ecology Review, 1999, 6 (2): 81 –98.

[138] Stieß I M, Dunkelberg E. Objectives, barriers and occasions for energy efficient refurbishment by private homeowners [J]. Journal of Cleaner Production, 2013 (48): 250 –259.

[139] Straughan R D, Roberts J A. Environmental segmentation alternatives: A look at green consumer behavior in the new millennium [J]. Journal of Consumer Marketing, 1999, 16 (6): 558 –575.

[140] Sun D Q, Bai J F, Qiu H G, et al. Impact of government subsidies on household biogas use in rural China [J]. Energy Policy, 2014 (73): 748 –756.

[141] Synodinos N E. Environmental Attitudes and Knowledge: A Comparison of Marketingand Business Students with Other Groups [J]. Journal of Business Research, 1990 (20): 55 –64.

[142] Tang Z, ChenX, Luo J. Determining Socio – Psychological Drivers for Rural Household Recycling Behavior in Developing Countries: A Case Study from Wugan, Hunan, China [J]. Environment and Behavior, 2011, 43 (6): 848 –877.

［143］ Urban F, et al. Solar PV and solar water heaters in China: Different pathways to low carbon energy ［J］. Renewable and Sustainable Energy Reviews, 2016, 64: 531 –542.

［144］ Urien B, Kilbourne W. Generativity and self-enhancement values in eco-friendly behavioral intentions and environmentally responsible consumption behavior ［J］. Psychology and Marketing, 2011, 28 (1): 69 –90.

［145］ Van der Werff E, StegL, Keizer K. The value of environmental self-identity: The relationship between biospheric values, environmental self-identity and environmental preferences, intentions and behaviour ［J］. Journal of Environmental Psychology, 2013, 34 (6): 55 –63.

［146］ Van Diepen A M L. Households and their spatial-energetic practices. Searching for sustainable urban forms ［D］. Groningen: University of Groningen, 2009.

［147］ Walekhwa P N, et al. Biogas energy from family-sized digesters in Uganda: Critical factors and policy implications ［J］. Energy Policy, 2009, 37 (7): 2754 –2762.

［148］ Wang C, Zhang Y, Zhang L, et al. Alternative policies to subsidize rural household biogas digesters ［J］. Energy Policy, 2016 (93): 187 –195.

［149］ Wang X J, Lu X G, Yang G H, et al. Development process and probable future transformations of rural biogas in China ［J］. Renewable and Sustainable Energy Reviews, 2016 (55): 703 –712.

［150］ Wang X, Tu M, Yang R, Guo J, Yuan Z, Liu W. Determinants of pro-environmental consumption intention in rural China: The role of traditional cultures, personal attitudes and reference groups ［J］. Asian Journal of Social Psychology, 2016, 19 (3): 215 –224.

［151］ Wang Z, et al. Antecedents of urban residents' separate collection intentions for household solid waste and their willingness to pay: Evidence from China ［J］. Journal of Cleaner Production, 2016 (130): 1 –9.

［152］ Watson R T, Boudreau M, Chen A J. Information systems and environmentally sustainable development: Energy informatics and new directions for the IS community ［J］. MIS Quarterly, 2010, 34 (1): 23 –38.

[153] Willemé P. A statistical approach to conservation supply curves [J]. Energy Economics, 2003, 25 (5): 553 – 564.

[154] Yang Y L, Zhang G P D, Li G Q. Regional differentiation of biogas industrial development in China [J]. Renewable and Sustainable Energy Reviews, 2012, 16 (9): 6686 – 6693.

[155] Yuan X, et al. Social acceptance of solar energy technologies in China – End users' perspective [J]. Energy Policy, 2011, 39 (3): 1031 – 1036.

[156] Zhang B, Chen B. Sustainability accounting of a household biogas project based on energy [J]. Applied Energy, 2017 (194): 819 – 831.

[157] Zhang R, Wei T Y, Glomsrod G, et al. Bioenergy consumption in rural China: Evidence from a survey in three provinces [J]. Energy Policy, 2014 (75): 136 – 145.

[158] Zhang T, Yang Y H, Xie D T. Insights into the production potential and trends of China's rural biogas [J]. International Journal of Energy Research, 2015, 39 (8): 1068 – 1082.

农村居民低碳能源消费行为调查问卷

《中华人民共和国统计法》第二十五条规定："统计调查中获得的能够识别或者推断单个统计调查对象身份的资料，任何单位和个人不得对外提供、泄露，不得用于统计以外的目的。"

县（市、区）	乡（镇）	村/居委会

被访者签名：_____联系电话：_____
家庭住址：_____省_____县（市）_____乡（镇）_____村_____小组

序号	月	日	访问开始时间	访问结束时间
1			时分	时分
2			时分	时分

访问员姓名：_____访问员联系电话：_____

注：

1. 本问卷调查对象：鄱阳湖地区的农村居民，以及国有农场、林场职工。

2. 低碳能源消费行为主要表现为：农村居民直接或间接以减少碳排放

为目的的能源消费行为，包括对低碳产品、节能产品、绿色能源、节能设施的购买行为及日常生活中对能耗设备与设施的低碳化使用管理行为。

3. 调查过程中要保证一定数量的已经采用低碳能源的样本。

4. 调查范围：鄱阳湖生态经济区 26 个县市的农村居民。

5. 样本选择：采取随机抽样的方法从每个县中抽取 2 个样本村镇，得到 $26 \times 2 = 52$ 个样本村镇，然后从每个样本村镇中随机抽取 30 个农村居民样本，共 $52 \times 30 = 1560$ 个样本。

6. 除问卷中标明的题项外，其余题项被调查者都必须回答。

A01 人口特征

01	性别	1 = 男；2 = 女	
02	年龄	岁	
03	上过几年学？	年	
04	婚姻状况	1 = 已婚；2 = 未婚	
05	是否为村干部？	1 = 是；2 = 否	
06	您家三代直系亲属户数	户	
07	您手机里大约有多少人的电话？	1 = 0 ~ 20；2 = 20 ~ 50；3 = 51 ~ 100；4 = 100 以上	
08	您喜欢外交吗？（邻里、亲朋走动）	非常不喜欢 1　2　3　4　5　非常喜欢	
09	您主要从事的工作？	1 = 务农；2 = 打工；3 = 务农与打工；4 = 个体；5 = 事业单位或公务员；6 = 其他	

A02 家庭特征

01	您家总人口数	人	
02	家庭孩子数	个	
03	未成年孩子数（18 周岁以下）	个	
04	上学孩子数	个	
05	家庭打工劳动力总数	个	
06	年家庭总收入大约为	元	

07	年家庭总支出大约为	元	
08	您家离镇上有多远？	公里	
09	您家房子的建筑面积（多层加总）	平方米	
10	房子建筑材料	1 = 土房；2 = 砖房；3 = 混凝土房；4 = 砖木；5 = 木房；6 = 小区套房；7 = 砖土木；8 = 其他	
11	您家购买大件物品（1000 元以上），通常决定者是	1 = 自己；2 = 配偶；3 = 孩子；4 = 共同决定	
12	您家每年电费大概有多少？	元	
13	您家拥有的耐用品	1 = 彩电；2 = 冰箱；3 = 洗衣机；4 = 空调；5 = 液化气；6 = 太阳能；7 = 电热水器；8 = 电脑；9 = 其他	
14	您家主要用什么燃料？	1 = 电；2 = 木柴；3 = 秸秆或干草；4 = 煤炭；5 = 天然气；6 = 沼气；7 = 其他（请注明）	

A03 低碳知识

01	"低碳" 是指	A. 减少碳水化合物　B. 减少二氧化碳排放 C. 减少一氧化碳排放　D. 减少碳金属	
02	属于可再生能源的是	A. 太阳能　B. 石油　C. 煤炭　D. 电力	
03	下列哪项不属于低碳饮食？	A. 尽量喝袋装茶　B. 多自制饮料食品 C. 多吃蔬菜少吃肉　D. 尽量喝散装茶	
04	从 "低碳生活" 角度来看，正确使用冰箱的做法是	A. 将温度高于室温的食品放入冰箱 B. 尽量减少开门次数 C. 经常把插头拔掉 D. 把制冷温度调低	
05	属于清洁能源的是	A. 沼气　B. 煤炭　C. 石油　D. 煤气	
06	关于空调使用，错误的做法是	A. 尽量选用节能变频空调 B. 不使用时应关闭电源 C. 空调过滤网应时常清洗 D. 冷天空调要开在 28 度以上	

| 07 | 从武汉到广州乘哪种交通工具更低碳 | A. 飞机 B. 高铁 C. 长途汽车
D. 私家车 | |
| 08 | 购买饮品时选择哪种包装更低碳 | A. 利乐包 B. 可降解塑料瓶 C. 玻璃瓶
D. 易拉罐 | |

A04 环境问题认知

题号	项目	完全不同意←→完全同意
01	我感觉现在的气温比以前升高了	① ② ③ ④ ⑤ ⑥ ⑦
02	使用薪柴会增加碳的排放量	① ② ③ ④ ⑤ ⑥ ⑦
03	使用沼气会增加碳的排放量	① ② ③ ④ ⑤ ⑥ ⑦
04	使用太阳能会增加碳的排放量	① ② ③ ④ ⑤ ⑥ ⑦
05	我感觉现在的气温比以前降低了	① ② ③ ④ ⑤ ⑥ ⑦
06	现在我们村的卫生环境变好了	① ② ③ ④ ⑤ ⑥ ⑦
07	我的邻居经常会乱扔垃圾	① ② ③ ④ ⑤ ⑥ ⑦

A05 低碳情感

题号	项目	完全不同意←→完全同意
01	得知中国家庭平均每年排放 2.7 吨二氧化碳时，我很震惊	① ② ③ ④ ⑤ ⑥ ⑦
02	我认为气候变暖的危害被高估，故我不会感到苦恼	① ② ③ ④ ⑤ ⑥ ⑦
03	当我听说政府决定，到 2020 年单位国内生产总值的二氧化碳排放量比 2005 年下降 40%～50%，我很欣慰	① ② ③ ④ ⑤ ⑥ ⑦
04	当听说在下世纪全球温度将升高 3 摄氏度时，我感到恐慌	① ② ③ ④ ⑤ ⑥ ⑦
05	得知我国一次性筷子及餐具使用量全球第一，我感到很愤怒	① ② ③ ④ ⑤ ⑥ ⑦
06	得知 2013 我国农村家庭平均每年排放 1.75 吨二氧化碳，较上年增长了 7% 时，我很惊讶	① ② ③ ④ ⑤ ⑥ ⑦

A06 社会规范

题号	项目	完全不同意 ←→ 完全同意
01	我周围的大多数人都认为应该在生活中采取节能措施	① ② ③ ④ ⑤ ⑥ ⑦
02	乱扔垃圾的行为会受到周围人的谴责	① ② ③ ④ ⑤ ⑥ ⑦
03	我的家人、朋友会影响我是否采取节能行为	① ② ③ ④ ⑤ ⑥ ⑦
04	我会影响家人、邻居、朋友是否采取节能行为	① ② ③ ④ ⑤ ⑥ ⑦
05	传统用能方式（薪柴、煤炭等）会影响我是否采取节能行为	① ② ③ ④ ⑤ ⑥ ⑦
06	我周围的人购买节能产品会影响我是否购买节能产品	① ② ③ ④ ⑤ ⑥ ⑦

A07 环境价值观及责任感

题号	项目	完全不同意 ←→ 完全同意
01	人类有权改造自然以满足自身的需要	① ② ③ ④ ⑤ ⑥ ⑦
02	保护环境会减少就业机会	① ② ③ ④ ⑤ ⑥ ⑦
03	环境污染对公共健康的影响比我们意识到的更糟糕	① ② ③ ④ ⑤ ⑥ ⑦
04	尽管人类有能力改造自然，但依然要服从自然规律	① ② ③ ④ ⑤ ⑥ ⑦
05	高能耗引发的环境问题越来越严重了	① ② ③ ④ ⑤ ⑥ ⑦
06	自然拥有足够的平衡力量来消除现代工业造成的影响	① ② ③ ④ ⑤ ⑥ ⑦
07	为了低碳节能，我愿意牺牲一些个人利益	① ② ③ ④ ⑤ ⑥ ⑦
08	我会主动向朋友、熟人宣传低碳节能方面的知识和技巧	① ② ③ ④ ⑤ ⑥ ⑦
09	保护环境、节能减排是政府的责任，与我无关	① ② ③ ④ ⑤ ⑥ ⑦
10	去买东西时，我会使用环保购物袋	① ② ③ ④ ⑤ ⑥ ⑦

A08 宣传教育

题号	项目	完全不同意 ←→ 完全同意
01	媒体和村里的宣传让我学会了很多低碳节能的知识和技能	① ② ③ ④ ⑤ ⑥ ⑦
02	通过媒体报道，我意识到能源消费带来的环境问题日益严重	① ② ③ ④ ⑤ ⑥ ⑦

续表

题号	项目	完全不同意←→完全同意
03	好的宣传促销活动,会促使我购买节能产品	① ② ③ ④ ⑤ ⑥ ⑦
04	知道如何进行低碳消费,对我是否购买和使用很重要	① ② ③ ④ ⑤ ⑥ ⑦

A09 成本与收益

题号	项目	完全不同意←→完全同意
01	价格是我决定是否购买低碳节能产品的主要因素	① ② ③ ④ ⑤ ⑥ ⑦
02	我采取节能行动是为了省钱	① ② ③ ④ ⑤ ⑥ ⑦
03	购买家电时,我更看重使用中的能耗量	① ② ③ ④ ⑤ ⑥ ⑦
04	电费、煤气费、油费的上涨,让我越来越注意节能	① ② ③ ④ ⑤ ⑥ ⑦
05	我不太关注家里每月的电费、油费、煤气费	① ② ③ ④ ⑤ ⑥ ⑦
06	我家每个月的用电、用燃气、用油比较稳定	① ② ③ ④ ⑤ ⑥ ⑦
07	我会设定每个月用电、用燃气、用油的费用	① ② ③ ④ ⑤ ⑥ ⑦
08	每次交电费,我都会留心每个月用电量的变化	① ② ③ ④ ⑤ ⑥ ⑦

A10 政策法规

题号	项目	完全不同意←→完全同意
01	低碳产品或低碳能源宣传的小册子会使我更关注低碳消费	① ② ③ ④ ⑤ ⑥ ⑦
02	媒体中的低碳产品或低碳能源介绍会使我更关注低碳消费	① ② ③ ④ ⑤ ⑥ ⑦
03	产品上的低碳或节能标识会促使我购买	① ② ③ ④ ⑤ ⑥ ⑦
04	如有机会,我愿意参加关于环境保护的培训和讲座	① ② ③ ④ ⑤ ⑥ ⑦
05	如果开征低碳税,我会更注意低碳消费	① ② ③ ④ ⑤ ⑥ ⑦
06	如果购买低碳节能产品有税收优惠,我会选择购买	① ② ③ ④ ⑤ ⑥ ⑦

续表

题号	项目	完全不同意←→完全同意
07	如有政府补贴，我更愿意购买低碳节能产品（如家电、太阳能等）	① ② ③ ④ ⑤ ⑥ ⑦
08	如果政府制定阶梯电价（超过一定的量，电价会更高），我会减少电器的使用时间	① ② ③ ④ ⑤ ⑥ ⑦
09	如果政府有强制性的低碳能源使用规定（如禁止薪柴、煤炭的使用等），我才会使用低碳能源	① ② ③ ④ ⑤ ⑥ ⑦
10	为了避免一些部门的罚款，我不得不采用一些节能措施	① ② ③ ④ ⑤ ⑥ ⑦
11	如果政府制定环境质量规范（如规定使用沼气、天然气、太阳能灯），我会遵循	① ② ③ ④ ⑤ ⑥ ⑦
12	如果政府规定使用一些节能环保的材料（如节能灯、节能建材、节能家电等），我会使用	① ② ③ ④ ⑤ ⑥ ⑦
13	我会经常查看家里液化气的使用情况	① ② ③ ④ ⑤ ⑥ ⑦
14	我会使用插卡式电表（预付费电表）	① ② ③ ④ ⑤ ⑥ ⑦
15	我会改进我家的能源使用结构（如用太阳能、液化气、沼气等替代柴草、煤球等传统能源）	① ② ③ ④ ⑤ ⑥ ⑦
16	节能灶对我很有吸引力，我会考虑使用	① ② ③ ④ ⑤ ⑥ ⑦

B1 行为信念

题号	项目	完全不同意←→完全同意
01	使用低碳节能产品有助于减少不可避免的环境污染	① ② ③ ④ ⑤ ⑥ ⑦
02	使用低碳节能产品对减缓气候改变没有什么作用	① ② ③ ④ ⑤ ⑥ ⑦
03	使用低碳节能产品是很难实现的	① ② ③ ④ ⑤ ⑥ ⑦
04	使用低碳节能产品只是为了宣传	① ② ③ ④ ⑤ ⑥ ⑦
05	使用低碳节能产品可以有效地减少环境污染	① ② ③ ④ ⑤ ⑥ ⑦
06	使用低碳节能产品只能很少地减缓气候变化	① ② ③ ④ ⑤ ⑥ ⑦
07	使用低碳节能产品可以节省开支	① ② ③ ④ ⑤ ⑥ ⑦
08	使用低碳节能产品会增加家庭开支	① ② ③ ④ ⑤ ⑥ ⑦

续表

题号	项目	完全不同意←→完全同意
09	低碳节能产品（如太阳能、液化气、沼气等）使用方便	① ② ③ ④ ⑤ ⑥ ⑦
10	购买低碳节能产品（如太阳能、液化气灶等）比较方便	① ② ③ ④ ⑤ ⑥ ⑦
11	低碳节能产品使用不方便，且比较花时间	① ② ③ ④ ⑤ ⑥ ⑦
12	低碳节能产品使我们的生活更为便利	① ② ③ ④ ⑤ ⑥ ⑦
13	我具有购买低碳节能产品的经验	① ② ③ ④ ⑤ ⑥ ⑦
14	我具有使用低碳节能产品的经验	① ② ③ ④ ⑤ ⑥ ⑦
15	对别人介绍的一些低碳节能小窍门，我会很快用于自己的生活中	① ② ③ ④ ⑤ ⑥ ⑦
16	我时常会自己开发出一些可以节能环保的生活小窍门	① ② ③ ④ ⑤ ⑥ ⑦

B2 规范信念

题号	项目	完全不同意←→完全同意
01	我觉得一些低碳能源的产品很适合我的生活方式	① ② ③ ④ ⑤ ⑥ ⑦
02	我觉得能通过使用低碳节能产品为改善环境尽微薄之力而高兴	① ② ③ ④ ⑤ ⑥ ⑦
03	我使用低碳节能产品不太在乎别人的想法	① ② ③ ④ ⑤ ⑥ ⑦
04	我习惯了传统的用能方式，尽管低碳节能产品很好，我也不愿意改变	① ② ③ ④ ⑤ ⑥ ⑦
05	我身边的人会影响我是否购买低碳节能产品或采取节能行为	① ② ③ ④ ⑤ ⑥ ⑦
06	媒体信息会影响我是否购买低碳节能产品或采取节能行为	① ② ③ ④ ⑤ ⑥ ⑦
07	一些传统习惯会影响我是否购买低碳节能产品或采取节能行为	① ② ③ ④ ⑤ ⑥ ⑦

续表

题号	项目	完全不同意←→完全同意
08	国家的一些政策会影响我是否购买低碳节能产品或采取节能行为	① ② ③ ④ ⑤ ⑥ ⑦
09	我周围的人都使用了低碳节能产品我才会购买和使用	① ② ③ ④ ⑤ ⑥ ⑦
10	夏季，只要觉得热我就会使用制冷设备（如电风扇、空调等）	① ② ③ ④ ⑤ ⑥ ⑦
11	冬季，只要觉得冷我就会使用取暖设备（如电暖气、空调等）	① ② ③ ④ ⑤ ⑥ ⑦
12	只要生活舒适，我不太考虑用电、用能量	① ② ③ ④ ⑤ ⑥ ⑦
13	在日常消费中，我喜欢追求潮流	① ② ③ ④ ⑤ ⑥ ⑦
14	我总是询问别人对某产品的评价后，再决定是否购买	① ② ③ ④ ⑤ ⑥ ⑦
15	我常常购买别人使用过或是购买过的产品	① ② ③ ④ ⑤ ⑥ ⑦
16	如果周围的人都购买了低碳节能产品，我才会购买	① ② ③ ④ ⑤ ⑥ ⑦

B3 控制信念

题号	项目	完全不同意←→完全同意
01	现在购买低碳节能产品并不困难	① ② ③ ④ ⑤ ⑥ ⑦
02	使用低碳节能产品没有什么技术难度	① ② ③ ④ ⑤ ⑥ ⑦
03	我已近掌握了一些低碳节能产品的使用技巧	① ② ③ ④ ⑤ ⑥ ⑦
04	低碳节能产品的维护并不困难	① ② ③ ④ ⑤ ⑥ ⑦
05	生活中有很多产品都没有低碳节能标识，使得我无法区分是否是低碳节能产品	① ② ③ ④ ⑤ ⑥ ⑦
06	相关部门缺乏相应的监督，我无法判断低碳节能产品的有效性	① ② ③ ④ ⑤ ⑥ ⑦
07	对于购买和使用低碳节能产品，我完全有信心	① ② ③ ④ ⑤ ⑥ ⑦
08	我完全有能力购买和使用低碳节能产品	① ② ③ ④ ⑤ ⑥ ⑦
09	我完全有条件购买和使用低碳节能产品	① ② ③ ④ ⑤ ⑥ ⑦
10	我有很多机会购买低碳节能产品	① ② ③ ④ ⑤ ⑥ ⑦

续表

题号	项目	完全不同意←→完全同意
11	是否购买低碳节能产品完全在我自己	① ② ③ ④ ⑤ ⑥ ⑦
12	是否使用低碳节能产品完全在我自己	① ② ③ ④ ⑤ ⑥ ⑦
13	与低碳生活相比，我更重视生活的舒适性	① ② ③ ④ ⑤ ⑥ ⑦

C1 行为意愿

题号	项目	完全不同意←→完全同意
01	购买空调、冰箱、彩电等家电时，我会首选节能型号	① ② ③ ④ ⑤ ⑥ ⑦
02	在装修房子时我会选用环保节能材料	① ② ③ ④ ⑤ ⑥ ⑦
03	我愿意为一些低碳节能产品支付略高的价格	① ② ③ ④ ⑤ ⑥ ⑦
04	购买灯具时，我会选择节能型灯具	① ② ③ ④ ⑤ ⑥ ⑦
05	我会购买太阳能热水器	① ② ③ ④ ⑤ ⑥ ⑦
06	如果有可能，我会选择使用沼气或液化气	① ② ③ ④ ⑤ ⑥ ⑦
07	在建新房时，我会考虑住宅的低碳节能设计（如自然采光、自然通风等）	① ② ③ ④ ⑤ ⑥ ⑦
08	我会主动调低电视、电脑的屏幕亮度	① ② ③ ④ ⑤ ⑥ ⑦
09	在冰箱中存取食物时，我会尽量减少冰箱的开关门次数	① ② ③ ④ ⑤ ⑥ ⑦
10	关闭电视时，我会关掉开关，而不是用遥控器关掉电视	① ② ③ ④ ⑤ ⑥ ⑦
11	我会在有足够多的待洗衣服时才使用洗衣机	① ② ③ ④ ⑤ ⑥ ⑦
12	我会控制洗澡的时间	① ② ③ ④ ⑤ ⑥ ⑦
13	在做饭时，我会注意调节火苗的大小以减少燃气浪费	① ② ③ ④ ⑤ ⑥ ⑦
14	我会注意用水，经常一水多用	① ② ③ ④ ⑤ ⑥ ⑦
15	离开房间时，我会随手关灯	① ② ③ ④ ⑤ ⑥ ⑦
16	电器不使用时，我会关闭电源	① ② ③ ④ ⑤ ⑥ ⑦
17	断电时，我会关掉插排	① ② ③ ④ ⑤ ⑥ ⑦
18	不用液化气时，我会关掉阀门	① ② ③ ④ ⑤ ⑥ ⑦
19	一天以上没人在家时，我会关掉总电闸	① ② ③ ④ ⑤ ⑥ ⑦
20	在冬天天气寒冷时，我会首先考虑关闭窗户，然后再考虑使用取暖设备	① ② ③ ④ ⑤ ⑥ ⑦

C2 行为实施

01	您购买了下列哪些节能家电？	1 = 低能耗彩电；2 = 低能耗冰箱；3 = 变频空调；4 = 低能耗洗衣机；5 = 其他（请注明）	
02	您家有液化气灶吗？	1 = 有；2 = 没有→04	
03	您使用液化气灶的频率如何？	1 = 做饭都用；2 = 主要作为辅助燃具；3 = 很少用	
04	您家用沼气吗？	1 = 用；2 = 不用→06	
05	您家经常用沼气吗？	1 = 经常用；2 = 偶尔用；3 = 很少用	
06	您家有太阳能吗？	1 = 有；2 = 没有→08	
07	您家经常使用太阳能热水器吗？	1 = 经常用；2 = 偶尔用；3 = 很少用	
08	您家的房子是2007年以后建的吗？	1 = 是；2 = 不是→11	
09	在建新房的时候，您会考虑住宅的低碳节能设计（如自然采光、通风等）吗？	1 = 考虑；2 = 没有考虑	
10	装修时您使用了节能环保材料吗？	1 = 用了；2 = 没有	
11	您家使用的灯具是节能灯吗？	1 = 是；2 = 不是	
12	在看电视、用电脑时，您经常会调低屏幕的亮度吗？	1 = 经常；2 = 偶尔；3 = 很少	
13	在关电视时，您是关闭电视开关吗（不是遥控开关）？	1 = 经常；2 = 偶尔；3 = 很少	
14	您会控制洗澡的时间吗？	1 = 经常；2 = 偶尔；3 = 很少	
15	在做饭时，您会注意调节火苗的大小吗？	1 = 经常；2 = 偶尔；3 = 很少	
16	离开房间时，您会随手关灯吗？	1 = 经常；2 = 偶尔；3 = 很少	
17	电器不使用时，您会关闭电源吗？	1 = 经常；2 = 偶尔；3 = 很少	
18	断电时，您会关掉插排吗？	1 = 经常；2 = 偶尔；3 = 很少	
19	不用液化气时，您会关掉阀门吗？	1 = 经常；2 = 偶尔；3 = 很少	

续表

20	一天以上没人在家时，您会关掉总电闸吗？	1 = 经常；2 = 偶尔；3 = 很少	
21	您平时是否有拔插头的习惯？	1 = 经常；2 = 偶尔；3 = 很少	
22	在购买家电时，您最关注的三个因素是什么？	1 = 价格；2 = 功能；3 = 节能省电；4 = 品牌；5 = 其他（请注明）	

附录2

本书相关研究成果

一、发表论文

1. Wang Xingdong, Ming Tu, Wenxing Liu. Household biogas digesters or medium-large-scale biogas plants: A conflicting issue in rural China [J]. Environmental Science and Pollution Research, 2019 (9): 1 –9. (SSCI)

2. Wang Xingdong, Kong Zhou, Wenxing Liu. Value Congruence: A study of green transformational leadership and employee green behavior [J]. Frontiers in Psychology, 2018 (9): 1 –8. (SSCI)

3. Wang, Xingdong, Zhengfei Guan, and Feng Wu. Solar energy adoption in rural China: A sequential decision approach [J]. Journal of Cleaner Production, 2017, 168 (12): 1312 –1318. (SCI)

4. Xingdong Wang, Ming Tu, Rongyang, Jinyong Guo, Zhimei Yuan, Wenxing Liu. Determinants of pro-environmental consumption intention in rural China: The role of traditional cultures, personal attitudes and reference groups [J]. Asian Journal of Social Psychology, 2016 (19): 215 –224. (SSCI)

5. 汪兴东, 俞佩娟. 农村居民太阳能热水器采纳及使用决策: 序列决策模型研究 [J]. 农林经济管理学报, 2018 (5): 535 –544. (中文核心)

6. 汪兴东, 熊彦龄. 农户绿色能源消费行为影响因素研究——基于户用沼气和大中型沼气的比较分析 [J]. 南京工业大学学报 (社会科学版), 2018, 17 (5): 69 –78. (CSSCI扩展版)

7. 汪兴东, 周水平, 杨蓉. 太阳能热水器采纳意愿影响因素研究——

基于江西972个样本的调查〔J〕. 企业经济，2017，36（11）：148 – 154.（中文核心）

8. 刘文兴，汪兴东，陈昭玖. 农村居民生态消费意识与行为的一致性研究——基于江西生态文明先行示范区的调查〔J〕. 农业经济问题，2017（9）：37 – 49.（CSSCI）

9. 肖小虹，刘文兴，汪兴东，丁志慧. 辱虐管理对员工知识共享的影响：组织认同和人与组织匹配的作用〔J〕. 科研管理，2018，39（2）：117 – 124.（CSSCI）

10. 汪兴东，杨蓉. 农村居民生态消费行为影响因素分析——基于鄱阳湖区972个样本的调查〔J〕. 财贸研究，2016，27（1）：62 – 69.（CSSCI）

11. 汪兴东，陈昭玖，蔡波. 农民气候变化认知及适应性措施选择——基于鄱阳湖区的调查研究〔J〕. 农林经济管理学报，2016，15（3）：316 – 326.（CSSCI 扩展版）

12. 江婷，汪兴东. TPB 视角下消费者低碳消费行为元分析〔J〕. 统计与决策，2015，（3）：98 – 102；（CSSCI）

13. 江婷，汪兴东. 农村居民低碳消费行为影响因素实证研究——以鄱阳湖生态经济区为例〔J〕. 新疆农垦经济，2015（11）：76 – 83.（普刊）

14. 曹文，曾皓，汪兴东. 农户低碳能源消费群体细分及政策响应差异——基于鄱阳湖生态经济区398农户调查〔J〕. 湖南农业大学学报（社科版），2015，16（4）：35 – 41；（CSSCI 扩展版）。

二、学位论文

1. 江婷. 农村居民低碳消费行为影响因素研究——以鄱阳湖生态经济区为例〔D〕. 江西农业大学，2015.

2. 曹文. 鄱阳湖生态经济区引导政策对农村居民低碳能源购买行为的影响研究〔D〕. 江西农业大学，2015.

3. 曲振辰. 农村居民低碳产品购买行为影响因素实证分析〔D〕. 江西农业大学，2016.

4. 黄明. 引导政策对不同农村居民群体低碳能源消使用为的影响分析——以鄱阳湖生态经济区为例，2018.1.1 – 2018.6.30。

三、研究课题

1. 主持国家自然科学基金项目"农村居民生态消费行为形成机制、溢出效应与干预政策设计（71963021）"（2020 年 1 月至 2023 年 12 月）。

2. 主持国家自然科学基金项目"农村专业大户电商技术采纳行为、扩散效应及引导政策研究（71663028）"（2017 年 1 月至 2020 年 12 月）。

3. 主持国家自然科学基金项目"农村居民低碳能源消费行为形成机制及引导政策研究——以鄱阳湖生态经济区为例（71363028）"（2014 年 1 月至 2017 年 12 月）。

4. 主持江西省社科规划项目"农村居民生态消费意识形成、行为固化与溢出效应：驱动力、执行力与干预政策选择（19GL10）"（2019 年 10 月至 2021 年 12 月）。

5. 主持江西省社科规划项目"鄱阳湖生态经济区内农村居民低碳能源消费行为影响因素及推进政策研究（14GL07）"（2014 年 9 月至 2016 年 12 月）。

后　记

　　犹清晰记得，2010 年暑假，我携妻儿回到阔别已久的梦里水乡——婺源老家，绿水青山如故，粉墙黛瓦如故，民风淳朴依然。随着经济的发展和国家惠农政策的实施，老家乡民的生活水平有了大幅度的提升，几乎家家户户都用上了液化气，原来的户用沼气渐渐退出了历史舞台，崭新的房顶上矗立着一排排的太阳能热水器。在与儿时玩伴的闲聊中，也发现他们对一些节能环保产品（如太阳能、及节能家电等）产品的利用程度较低，存在使用效果欠佳的情况，仍然有很多村民使用传统的用能方式（如薪柴、木炭等），为什么会存在这些问题，背后的原因又是什么？回学校后，基于这些思考，我开始梳理相关政策，查找研究文献，整理研究思路，形成了初步的研究框架，此为本书研究的缘起。

　　经过几年的探索，拟定了以"农村居民低碳能源消费行为形成机制及引导政策路径选择研究"，并于 2014 年获批国家自科基金委的地区基金项目。获得了同行的肯定，我备受鼓舞，更坚定了以此为基础，扎根于农村居民消费方向的研究。通过 4 年努力，取得了一定的研究成果，共形成了相关论文 20 余篇，其中 SCI 和 SSCI 论文 6 篇，合计影响因子超过 10，被引用次数为 20 余次，拓展了此方向研究的国际影响力。CSSCI 及扩展版论文 6 篇，核心论文 3 篇，在中国学术期刊网中已被下载 1000 余次，被引用 100 余次，扩大了此方向研究的国内影响力。基于这些研究我们又形成了新的思考，并以"农村居民生态消费行为形成机制、溢出效应与干预政策设计"为选题，于 2019 年再次获批国家自科基金委的地区基金项目。对这些研究结果进行总结后，形成了本书研究的基础。

　　在本书付梓之际，我首先要感谢国家自然科学基金委员会给予的支持，使我们有能力完成基于鄱阳湖生态经济区 1000 户样本的调查，这是我们数据的来源，也是我们研究的基础。其次，我要感谢江西农业大学经济管理学院领导及同事的大力支持，无论是从人力、物力还是财力上他们都给予我无私的帮助，尤其感谢经济管理学院院长翁贞林教授、乡村振兴战略研究院执行院长郭锦墉教授、三农问题研究中心主任陈昭玖教授、乡村振兴战略研究院副院长胡凯教授、经济管理学院副院长廖文梅教授，以及其他一些未具名的领导及同事，在此就不一一列举。最后，感谢"江西省2011协同创新中心"及"江西省乡村振兴战略研究院"的联合资助，没有你们的支持，就没有本书的出版。

感谢我的课题组成员周水平教授、吴金根副教授、包屹红副教授、曹大宇副教授、陈胜东副研究员、刘志飞博士。尤其要感谢已经毕业的研究生江婷女士、曹文女士、黄明先生，本书的第三章内容主要来自江婷女士的硕士论文《农村居民低碳消费行为影响因素研究——以鄱阳湖生态经济区为例》，第五章内容主要来自曹文女士的硕士论文《鄱阳湖生态经济区引导政策对农村居民低碳能源购买行为的影响研究》，第六章内容主要来自黄明先生的硕士论文《引导政策对不同农村居民群体低碳能源使用行为的影响分析——以鄱阳湖生态经济区为例》，虽然你们已经毕业，并已成为各自岗位上的精英，但你们的贡献我一直铭记于心。感谢我的在读研究生熊彦龄、俞佩娟、廖青、汪彦在本书初稿整理中所付出的努力。

最后还要感谢我的父母，焉得谖草，言树之背，养育之恩，无以回报，你们永远健康快乐是我最大的心愿，以后我定尽最大努力让你们能够享受身为父母的最大福分。感谢我的妻子，在我写作过程中，无怨无悔，任劳任怨地操持家务，照料老小，得此贤妻，夫复何求。感谢我的岳父岳母对小儿的悉心照顾，及对我们的关心支持和帮助。

汪兴东

2020 年 2 月 20 日晚

于南昌梅岭脚下